독점규제의 역사

정부의 시장개입과 시행착오 130년

독점규제의 역사

정부의 시장개입과 시행착오 130년

2020년 10월 31일 초판 1쇄 발행

지은이 지철호

펴낸이 권이지

편   집 권이지

제   작 성광인쇄

펴낸곳 홀리데이북스
등   록 2014년 11월 20일 제2014-000092호
주   소 서울시 금천구 가산디지털1로 168 우림라이온스밸리 B동 712호
전   화 02-2026-0545
팩   스 02-2026-0547
E-mail editor@holidaybooks.co.kr

ISBN 979-11-967709-6-9 03300

독점규제의 역사

정부의 시장개입과 시행착오 130년

지철호 지음

HOLIDAYBOOKS

목　차

책 읽는 방법에 관한 팁(Tips)

1. 제 I 부, 제 II 부, 제 III 부의 그림이나 사진이 있는 부분만 찾아서 설명과 함께 개략적인 내용을 파악한다. 책 내용을 전체적으로 이해할 수 있도록 그림이나 사진에 자세한 설명을 정리해 두었다.

2. 제 I 부의 경우 그림이나 사진을 선택하여 관심이 있는 부분의 앞이나 뒷부분을 중심으로 본문 내용까지 읽는다.

3. 제 II 부, 제 III 부의 경우 서두에 설명한 1페이지 정도의 개요와 각 장의 서두에 설명한 간략한 개요만 읽는다.

4. 이상과 같은 방법으로 미국의 독점규제법과 제도의 정비, 일본 · 독일로의 전수, 한국 · 중국 등으로의 확산에 관한 전반적인 흐름을 파악한다.

5. 이러한 이해를 바탕으로 더 자세한 내용을 알고 싶거나 관심이 있는 부분에 대해 본문 내용까지 읽는다. 독점규제 분야의 전문가가 아니거나 큰 관심이 없는 경우라면 법 · 제도 또는 용어에 익숙하지 않은 본문 내용을 과감하게 생략하며 읽는 것이 좋다.

일러두기

1. 외국어 표기법은 국립국어원 규정을 따랐다.
2. 그림 및 사진의 원 출처 및 검색 출처를 캡션에 표시하였다.

프롤로그:
독점규제 130년의 역사에 대한
올바른 이해 필요

프롤로그: 독점규제 130년의 역사에 대한 올바른 이해가 필요

세계 최초의 독점규제법이 130년 전 미국에서 탄생했다. 1890년 7월 2일 제정된 소위 〈서면법〉이다.

미국은 자유방임laissez-faire을 기본이념으로 하는 국가다. 정치적 억압이나 폭력, 지독한 가난, 무거운 세금, 종교적 박해 등을 피해서 아주 멀리 물 건너온 사람들이 세운 나라였다. 따라서 정부의 개입을 아주 싫어했다.

그런데 그런 미국에서 정부가 민간기업의 활동에 개입하는 법을 세상에서 가장 먼저 제정했다. 소위 '트러스트'라는 독점 대기업이 만들어져 작은 기업, 노동자, 농민, 일반 대중을 모두 도탄에 빠뜨렸기 때문이었다.

그런데 이 법이 제대로 집행되지 않았다. 트러스트를 잡는 것이 아니라 반대로 노동조합을 잡아들이는 법이 돼버렸다. 법이 시행된 이후 트러스트가 줄어들기는커녕 무서운 속도로 늘어났다. 독점규제 역사에서 첫 시행착오trial and error였다.

돌이켜보면 독점규제의 역사는 시행착오의 연속이고 반복이었다.

미국의 경우 사문화됐다고 여겨지던 법을 가지고 트러스트라는 문어를 잡았던 '문어 사냥꾼octopus hunter' 대통령의 등장, 〈서면법〉 외에도 2개를 더 제정하여 3개의 반反트러스트법을 만든 것, 법무성(검찰)과 연방거래위원회라는 두 기관을 법집행기관으로 만든 것 등이 대표적인 시행착오였다.

일본과 독일의 경우 제2차 세계대전이 끝나고 미국의 독점규제제도가 패전국인 두 나라에 전파됐는데, 미국의 3개 법과 2개의 집행기관을 하나의 법과 집행기관으로 통합해야했다. 수많은 협의와 토론, 조정과 타협을 통해 얻어낸 결과였지만 그 과정에서 시행착오도 헤아릴 수 없이 많았다.

그래도 독점규제법은 계속 확산됐다. 경제활동의 기본법이었으므로 여러 나라들이 만들었다. 한국도 예외는 아니었고, 사회주의 국가였던 중국도 자본주의를 도입하고 이 법을 제정했다.

한국의 경우 1960년대부터 공정거래법을 제정하려고 시도했으나 경제계 반대로 무산되다가, 마침내 제5공화국이 출범하고 국회가 해산된 상태에서 국가보위입법회의에서 법을 제정했다. 특이한 제정과 시행 과정을 거치면서 법 개정과 제도개선을 반복했다. 역시 시행착오의 연속이었다.

중국도 어렵게 3개 법을 제정하여 3개 기관에서 나누어 집행하다가 법을 그대로 둔 채 2018년 3월 21일 집행기관만 하나로 통합했다. 이 역시 시행착오를 반복한 끝에 얻어낸 결과였다.

독점 규제는 이해관계가 복잡하게 얽혀있는 경제문제에 법을 적용하는 것이고, 경제 발전과정과 밀접히 연관되므로 일반적인 원칙이나 모범적인 선례는 없기 마련이다. 그러므로 법과 제도가 발전하고 제대로 집행되는데 시행착오를 거치는 것이 당연하다. 독점 규제의 130년 역사는 그렇게 진화하면서 발전해왔다.

그런데 이런 독점 규제의 역사를 거스르는 움직임이 생겨나고 있다. 법이나 경제 분야의 전문가를 중심으로 목소리를 내거나 행동으로 나타내고 있다. 그 움직임은 점점 빨라지고 커지고 있다.

법전문가들은 주로 독점 규제를 법 적용의 문제로만 이해하고, 독점 기업의 횡포를 근절하는 데만 관심이 있다. 오로지 사법의 잣대로만 경제 문제를 해결하려는 경향도 있다. 법 적용을 하면서 기업이 파산하던지 경제가 무너지는 것에는 관심을 거의 보이지 않는 경향이다.

　경제전문가들은 법 적용을 도외시하며 시장경제 원리에 따르면 문제가 해결된다고 주장한다. 독과점의 횡포에는 무관심하지만 정부 개입이 초래하는 비용에는 예민하게 반응한다. 법 집행으로 기업과 경제가 흔들리고 무너지고 있다는 의견을 내세운다.

　이런 전문가들이 표출하는 의견이나 주장에도 나름의 일리는 있지만 조금 안타까운 점이 있다. 독점 규제의 역사에 대해 제대로 이해하지 못했거나 오해하고 있다.

　독점 규제의 역사에서 시행착오는 무수히 반복됐다. 그런데 그 시행착오의 일부분만을 이해한 채 표출하는 견해는 역사의 큰 흐름이나 맥락에서 볼 때 편협하고 지엽적일 수 있다. 독점 규제의 130년 역사를 전반적으로 이해할 필요가 있다.

　이 책에서 다루는 내용이 130년 역사를 이해하는데 조금이라도 기여하기를 기대한다. 저자가 감히 이 책을 쓰게 된 동기이기도 하다. 그리고 앞으로 더 많은 전문가들과 관심 있는 분들의 연구가 계속 이루어지기를 학수고대한다. 이 책의 내용이 폭과 깊이, 질과 양에서 한계가 있기 때문이다.

제1부

〔미국〕왜 세계 최초로 독점규제법을 제정했는가?

1장. 『강도 귀족들』의 등장과 더 비참해지는 『다른 반쪽』

1.1. 급속한 산업 발전과 『정글』 시대의 도래

미국은 1861년부터 1865년에 걸친 남북전쟁[1]을 거치며 사회·경제적으로 엄청난 변화와 발전을 이룩했다. 전쟁을 하는데 필요한 총포와 군복 등 각종 군수품 생산, 철도와 선박 등의 운송, 통신기술 등이 크게 발전했다. 전쟁 이후 노예 해방, 도시인구 증가, 철도망과 통신망을 통한 도시의 연결 등으로 광활한 대륙이 성장의 소용돌이에 휩싸였다.

이렇게 급격한 발전을 이룰 수 있었던 요인으로는 제조업 제품에 대한 전국적인 시장 출현, 대량 생산을 가능케 한 기술 혁신, 그리고 이러한 고속성장에 필요한 대규모 자본조달이 가능했던 점 등을 들 수 있다.[2] 시장이 확대되고 경제가 급속히 성장함에 따라 수많은 기업들이 새로 등장했고, 그러다보니 기업 간 경쟁이 점점 치열해졌다.

많은 기업들은 성장하거나 살아남기 위해서 모든 수단을 동원했다. 수직적이거나 수평적으로 통합하는 전략이 등장했다. 철강회사는 원료가 되는 광산이나 석탄회사를 사들였다. 작은 도시를 연결하는 철도회사들은 서로 결합하여 장거리 철도회사로 몸집을 불렸다. 그런 다음 운임을 올려 수익을 내기도 했다.

다른 기업들은 노동자나 농민, 해외 이민자[3] 등을 수탈하고 착취하는 방법을 동원했다. 임금을 낮추거나 노동시간을 늘려서 노동자를 빈곤에 빠뜨렸다. 농산물을 생산하는 농민들이 이용하는 철도요금을 올려서 농민을 어렵게도 했다. 반면 공산품에 대해서는 요금을 올리지 않는 대신 리베이트를 받아 챙겼다. 돈을 벌려고 유럽, 러시아, 중국 등에서 몰려든 이민자들과 농민들은 하층 노동자로 전락하여 비참한 생활에 빠지기 십상이었다.

미국 주요 연표

연도	정치·사회 분야	독점규제 분야
1870 이전	○남북전쟁(1861~65)	○록펠러, 클리브랜드에 석유 정제회사 설립(1863) ○록펠러, 스탠다드오일 트러스트 성립(1879)
1880	○제임스 가필드, 제20대 대통령 (1881.3~1881.9) ○체스터 아서, 제21대 대통령 (1881.9~1885.3) ○그로버 클리브랜드, 제22대 대통령 (1885.3~1889.3) ○벤저민 해리슨, 제23대 대통령 (1889.3~1893.3)	
1890	○제이콥 리스, 『다른 반쪽은 어떻게 사는가』 발간(1890) ○그로버 클리브랜드, 제24대 대통령 (1893.3~1897.3) ○윌리엄 맥킨리, 제25대 대통령 (1897.3~1901.9)	○〈서먼법〉 제정(1890) ○뉴올리언스 지방법원, 노동조합 활동에 〈서먼법〉 첫 적용(1893) ○풀만사 철도 파업 (1894.5.11.~1894.7.20.) ○연방대법, 설탕 트러스트에 〈서먼법〉 위반 불인정(1895.1.21.) ○연방대법, 미주리화물운송협회에 최초 〈서먼법〉 위반 판결(1897.3.22.) ○트러스트 절정 시기(1899, 1,208개)

연도	정치·사회 분야	독점규제 분야
1900	○윌리엄 맥킨리 대통령 암살 (1901.9) ○시어도어 루스벨트, 제26대 대통령 (1901.9~1909.3) ○보스트자매, 『일하는 여성』 발간(1903) ○스테펀스, 『도시의 수치』 발간(1904) ○아이다 타벨, 『스탠다드 석유회사의 역사』 발간(1904) ○싱클레어, 『정글』 발간(1906) ○윌리엄 태프트, 제27대 대통령 (1909.3~1913.3)	○J. P. 모건, US스틸 설립(1901) ○통상노동성 설치(1903.2) ○연방대법, 소고기 트러스트에 〈서먼법〉 위반 인정(1905.1.30.) ○연방대법, 댄버리 모자업자 판결에서 노조활동에 〈서먼법〉 적용(1908.2.3.) ○지방법원, 노동조합의 〈서먼법〉 위반에서 3배 손해배상액 확정(1909)
1910	○우드로 윌슨, 제28대 대통령 (1913.3~1921.3) ○제1차 세계대전 발생(1914~) ○우드로 윌슨, 대통령 재선 당선(1916)	○연방대법, 스탠다드오일 해체 판결 (1911.5.15.) ○통상노동성 폐지(1913.3, 통상성, 노동성, FTC 등으로 계승) ○연방대법, 노동조합의 〈서먼법〉 위반에서 3배 손해배상액 확정(1914) ○〈FTC법〉 제정(1914) ○〈클레이튼법〉 제정(1914)
1920 이후	○이민법 제정으로 이민자 제한(1924) ○매튜 조셉슨, 『강도 귀족들』 발간(1934)	○험프리(Humphrey), FTC 위원 임명 (1925) ○험프리, FTC 위원 재임명(1931) ○험프리, FTC 위원 해임(1933) ○험프리, FTC 위원 사망(1934.2) ○험프리 유언 집행자가 소송에서 승소 (1935)

남북전쟁 통에 '석유 왕'이 된 록펠러

미국의 남북전쟁은 제조업 중심의 북부와 농업 중심의 남부가 무려 5년간 벌였던 내전이었다. 대규모 전쟁은 경제·사회 전반에 급격한 변화를 초래하기 마련이고, 경제 분야에서 크고 작은 성공이나 실패 사례들이 흔하게 생겨났다.

'석유 왕' 록펠러의 모습.
그는 남북전쟁 직전에 운송사업을 시작해 전쟁을 거치면서 번 돈으로 석유사업을 시작했다. 그리고 트러스트를 고안해 1890년 미국 석유시장을 약 90%까지 차지했다. 그가 사업 시작한 지 30여년 만에 만들어낸 결과였다. 출처 : Google 검색

남북전쟁에서 성공한 대표적인 사례는 록펠러John D. Rockfeller였다. 그는 남북전쟁이 발발하기 직전인 1860년경 동업자와 함께 오하이오 주 클리블랜드에서 운송회사를 설립해 전쟁 특수를 등에 업고 엄청난 돈을 벌었다.

록펠러는 이렇게 번 돈으로 이번에는 램프용 등유를 생산하는 석유 정제회사를 1863년 클리블랜드에 설립했다. 그는 소비자들에게 램프를 공짜로 나눠주거나 값싸게 판매하여 등유 소비를 늘리는 방법으로 수익을 극대화했다. 그리고 사세를

확장하여 1870년 오하이오스탠다드 석유회사를 창립했고, 이어서 1879년에는 석유 트러스트를 설립했다.

그는 석유정제업에서 시작하여 원료가 되는 유전, 수송을 위한 선박이나 철도, 송유관 등의 사업으로 계속 확장했다. 이 과정에서

수송회사들과의 담합, 리베이트 수수, 약탈적 가격 인상, 무자비한 기업 인수나 합병 등을 감행했다. 마침내 1890년 미국 전체 석유시장의 약 90%를 차지하는 거대한 석유 트러스트 왕국을 구축했다. 록펠러가 운송사업에서 출발해 석유사업을 거쳐 '석유 왕Oil King'의 자리에 오르기까지 걸린 기간은 불과 30여년 이었다.

어떤 기업들은 은밀한 리베이트 수수, 밀수 등과 같은 불법도 서슴지 않았다. 철도 운송 등의 대가로 거액의 리베이트가 오갔다. 밀수를 통해 일확천금을 챙기는 일도 다반사였다. 불법과 적법의 경계를 넘나드는 거래가 밤낮을 바뀌가며 진행되기도 했다.

또는 출혈 경쟁을 피하기 위해 서로 합의하는 방법도 있었다. 경쟁사업자들이 가격 경쟁을 줄이거나 생산량을 조정하도록 합의 하기도 했다. 기업들이 지역을 멋대로 분할하여 그 지역 시장을 독차지하기도 했다. 서로 시장점유율을 고정시키고 판매 이윤을 대충 비슷한 수준으로 유지하는 방법도 있었다. 제조업자들이 소매상인들에게 정해진 가격대로 제품을 구매하도록 강요하는 경우도 있었다.

시장이 확대되고 제품 생산량이 많아지고 기업들이 늘어나 경쟁이 치열해지자 기업 활동에서 불법과 탈법, 음모와 협잡, 야만과 속임수가 판을 쳤다. 정직하고 선량한 기업, 노동자, 농민 등이 곤궁에 처하지 않을 수 없었다. 그래도 미국 정부는 자유방임주의laissez-faire 원칙에 따라 민간기업의 활동에 전혀 개입하지 않았다. 그러다보니 소위 '만인의 만인에 대한 투쟁'이 판을 치는『정글jungle』의 시대가 점점 넓고 깊어지고 있었다.

자본주의 발전으로 경쟁이 치열해지면서 기업들이 지역이나 시장을 멋대로 분할해 독점 이윤을 차지하려는 경향이 생겨났다.
출처 : 미국『PUCK』잡지의 초기 독일어판 만화, 1882. (Google 검색).

1.2. 『강도 귀족들』의 등장

미국 자본주의가 급속히 확산하면서 막대한 재산을 축적하는 기업가와 은행가가 등장했다. 그런데 이들은 부정한 국고보조금이나 리베이트 수수, 높은 가격이나 요금 유지, 노동자·농민 착취, 밀수나 보호 관세 등을 이용하는 경우가 많았다. 그래서 이들을 부정적이거나 경멸적인 의미로 '강도 귀족들robber barons'이라고 했다. 19세기 말에서 20세기 초를 보통 강도 귀족들의 시대라고 불렀던 것이다.[4]

본래 이 용어는 자신의 영지를 지나가는 사람이나 라인 강을 횡단하는 선박에 엄청난 통행세를 부과하는 횡포를 부렸던 중세 독일의 귀족으로부터 유래했다. 미국에서는 농장을 횡단하려는 철도회사에 막대한 통행세를 매긴 캔자스의 한 농장주가 최초의 '강도 귀족'으로 불렸다고 한다.

이 용어가 대중들에게 널리 알려진 것은 매튜 조셉슨Matthew Josephson이 『강도 귀족들Robber Barons』이라는 책을 발간하면서부터였다. 이 책은 세계 대공황 시기였던 1934년 3월에 발간됐는데 6개월간 비소설부문의 베스트셀러라는 기록을 세웠다.[5]

조셉슨은 이 책을 쓰고 소련을 여행했다고 한다. 스탈린식 공산주의 실험을 살펴보려는 목적이었는데, 소련에서 철강, 구두 공장 등을 방문하고 유명 인사들을 만나 환대를 받았다. 그런데 집단농장이나 공장에서 어려움을 겪는 농민이나 노동자, 정치범 수용소에서 죽어가는 인사 등을 만나지는 않았다고 한다.

조셉슨은 이 책에서 자본가들이 비도덕적이고 불공정하며 부패한 방법으로 막대한 부의 대제국을 건설했다고 주장했다. 이들은 정치권이나 공무원들과 부정한 관계를 맺거나 리베이트를 제공하며 사업을 확장하여 정치적 기업가에 가까웠다. 증기선 사업에서 출발하여 철도사업까지 진출한 밴

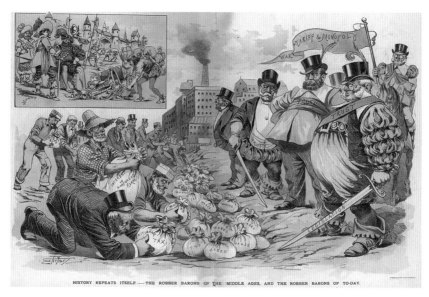

HISTORY REPEATS ITSELF.——THE ROBBER BARONS OF THE MIDDLE AGES, AND THE ROBBER BARONS OF TO-DAY.

『강도 귀족들』은 19세기 말 자본주의시대에 공장을 중심으로 활동했다. 중세에는 이들이 왼쪽 작은 그림처럼 강변이나 성곽을 중심으로 활동했다. 이처럼 『강도 귀족들』의 역사는 반복됐다.
출처 : 미국 『PUCK』 잡지의 만화, 1889. (Google 검색).

더빌트Cornelius Vanderbilt를 비롯하여 각 지역에서 철도사업 등으로 부를 축적한 제이 굴드Jay Gould, 세이지Russel Sage 등이 미국 자본주의 발전의 초창기에 등장했던 대표적인 강도 귀족이었다.

그리고 각 산업이나 지역을 사실상 독점적으로 지배했던 거대 자본가들도 있었다. 이들은 철도 왕, 선박 왕, 철강 왕 등으로 불렸는데 강도 귀족이라는 오명을 뒤집어쓰기도 했다. 예를 들면 철도사업에서는 지역별로 힐James J. Hill, 스탠포드Leland Stanford, 필드Cyrus W. Field, 빌라드Henry Villard 등이 대표적이었다. 증기선 사업에서는 밴더빌트와 힐, 석유는 록펠러John D. Rockfeller, 철강은 카네기Andrew Carnegie, 금융은 모건J. P. Morgan, 담배는 듀크James Buchanan Duke, 모피사업에서는 애스터John Jacob Astor 등을 들 수 있다. 이 외에도 크고 작은 자본가들이 수없이 많았다.

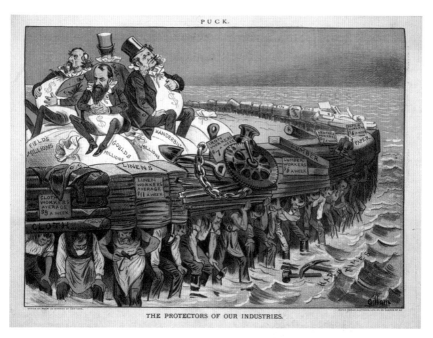

PUCK.

THE PROTECTORS OF OUR INDUSTRIES.

상층의 『강도 귀족들』과 하층의 노동자들로 구성된 미국 초기 자본주의의 적나라한 모습. 필드, 세이지, 밴더빌트, 제이 굴드(맨 왼쪽부터 시계 방향) 같은 『강도 귀족들』은 상층에서 배를 불리고 있고, 노동자들은 1주일에 평균 6달러에서 11달러의 저임금을 받고 하층에서 중노동을 하고 있다.
출처 : 미국 『PUCK』 잡지의 만화, 7. February 1883. (Google 검색).

이들 산업 거부들에 대해서는 미국 자본주의의 성장을 이룩하는데 기여한 선구자라는 평가와 노동자·농민을 착취하여 부를 쌓아올린 독점기업가에 불과하다는 상반된 평가가 있다. 어떻게 평가하던지 이들은 당시 시대가 만들어낸 산물이었다. 자유방임주의 이념에 따라 산업에 대한 국가의 개입이나 통제가 제대로 이루어지지 않던 시절에 등장했기 때문이다.

THE MODERN COLOSSUS OF (RAIL) ROADS.

미국 자본주의가 발전하던 초기에 철도산업의『강도 귀족들』이 많았다.

뉴욕 인근의 철도회사를 독점한 거물은 그림에서 가운데의 밴더빌트(Vanderbilt), 그의 좌측 무릎에 필드(C. W. Field), 우측 무릎에 제이 굴드(Jay Gould)였다. 이외에도 지역별로 세이지(Russel Sage), 힐(James J.Hill), 스탠포드(Leland Stanford), 빌라드(Henry Villard) 등이 있었다.

이들 철도회사들은 해당 지역에서 거의 독점이어서 계속 요금을 올렸다. 또한 철도회사들이 서로 합병하거나 공동으로 요금을 인상하는 경우도 많았는데 이 경우 독점의 폐해는 더욱 컸다. 특히 철도를 이용하여 농산물을 수송해야 했던 농민들의 피해가 막심했는데, 농민들의 입장에서 이들 철도회사는 『강도 귀족들』이었다.

출처 : 미국 『PUCK』 잡지의 만화, 10. December, 1879. (Google 검색).

오늘날까지 계속되는 『강도 귀족들』에 대한 비판과 논쟁

매튜 조셉슨의 책 『강도 귀족들』은 발간 이후 오늘날까지 비판과 논쟁에 휩싸여있다. 비판은 여러 가지 방향으로 전개되고 있는데, 크게 저자와 책 내용에 대해 비판이거나 산업 거부들이 이룩한 성과를 인정해야 한다는 입장에서 비판받는다.

먼저, 저자가 자본주의에 대해 부정적인 시각에서 이 책을 저술했다는 것이다. 저자는 세계대공황 시기인 1934년에 책을 발간하고, 소련을 방문하여 공산주의에 경도된 행태를 보였다. 그러다보니 자본주의를 이끌던 산업 거부들을 부정적으로 보고 있다는 것이다.

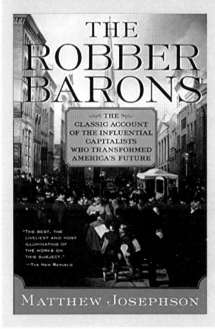

산업 거부들의 등장과 이들의 활동에 대해 저술한 매튜 조셉슨의 『강도 귀족들』. 이 책은 세계 대공황기였던 1934년 발간되었는데 오늘날까지 그 내용에 대한 비판과 논쟁이 계속되고 있다. 사진은 후에 간행된 동일한 책의 표지이다.
출처 : Google 검색.

다음으로 저술의 목적이 선동적이다 보니 사실과 다른 내용이 많다는 것이다. 예컨대, 윤리 도덕적으로 비난할 수는 있어도 불법으로 볼 수 없는데도 강도라고 규정하고 있다. 많은 산업 거부들은 선천적으로 귀족이 아니었고 후천적으로 부를 축적한 것이므로 이들은 귀족이 아니라는 것이다. 그리고 책의 세세한 부분에서 사실과 다른 부분도 많이 있다고 한다.

또한, 산업 거부들이 효율적이고 혁신적인 능력으로 성공했다는 것을 인정해야 한다는 시각도 있다. 부정한 정부 보조금이나 리베이트 등으로 성공한 기업이 아니라는 것이다. 강철사업에서 기술적으로 우수한 일관 생산 공정을 달성한 카네기, 석유의 표준이 될 정도로 품질이 좋은 제품 생산에 성공한 록펠러 등의 사례를 들기도 한다.

결국 산업 거부들은 법도 규칙도 없이 무자비한 경쟁이 펼쳐지던 시대에 살아남았다. 이들은 경쟁의 승자이고, 역사적 과정의 산물이다. 그러다보니 결론이 쉽게 내려질 수 있는 논쟁은 아니라고 할 수 있다.

1.3. 비참해지는 『다른 반쪽』의 생활

산업 거부들의 반대편에서는 수많은 노동자, 농민, 이민자들의 빈곤이 심화되고 있었다. 1896년에 실시된 한 조사를 보면 미국 인구의 1퍼센트가 미국인 전체 자산의 50퍼센트 이상을 점했고, 12퍼센트가 미국인 전체 자산의 90퍼센트를 차지하고 있는 것으로 나타났다.[6] 산업의 발전과 함께 사회 양극화가 심화되고 있었다.

노동자들은 중노동과 장시간 노동을 하면서도 저임금에 시달렸다. 12시간 이상의 노동이 일반적이었고, 주당 평균임금이 산업별로 6달러에서 11달러 수준이었다. 부녀자나 어린이 노동자들의 생활은 더욱 열악했다. 공업지대나 탄광촌에서 일하는 노동자들은 자본가들이 개설한 상점에서 생활용품을 비싸게 구매해야 했고, 자본가들의 아파트를 임차하면서 월세를 내야 했다. 이중 삼중의 고통을 겪었던 것이다.

농민들은 생산한 농작물을 판매해도 철도나 증기선 요금을 내면 남는 게 거의 없었다. 철도나 증기선 사업이 독점화되면서 요금이 계속 올랐기 때문이었다. 더욱이 공산품 화물 운송을 위해 거액의 리베이트가 오가는 경우 대개는 농민들의 부담으로 전가됐다. 농민들의 빈곤 문제는 악화되기만 했다.

유럽, 러시아, 중국 등으로부터 해마다 몰려온 이민자들의 어려움은 더욱 심했다. 통계에 따르면 이민자들은 1820년대 약 15만 명, 30년대 약 60만 명, 40년대 약 170만 명, 50년대 약 260만 명으로 증가했고, 절정기인 1900년대에는 약 880만 명이었다고 한다.[7] 이처럼 급증하는 이민자들은 최하층 생활을 벗어나기 어려웠다.

자본가와 노동자의 양극화는 계속 심화됐다. 자본가는 깔끔한 양복 차림으로 하얀 얼굴에 여유 있는 표정이고 넉넉한 뱃살의 신사의 모습이었다.

자본가와 노동자의 차이.
출처 : 미국 뉴욕《LIFE》잡지. 1887. (왼쪽)(Google 검색).

반면에 노동자는 낡아빠진 작업복 차림으로 새카만 얼굴에 근심스런 표정이고 구부러진 허리에 넝마자루를 메고 있는 모습이었다. 이처럼 미국 사회에서는 극명하게 대비되는 모순이 계속 쌓여가고 있었다.

1.4. 플래시 카메라가 들춰낸 『다른 반쪽』의 모습

노동자, 농민들의 비참한 생활이 계속되고 숫자가 급증하면서 이들의 생활이 일반 대중에게 점차 알려졌다. 신문, 잡지, 책과 같은 인쇄매체를 통해 이들의 생활이 적나라하게 드러났기 때문이다.

대표적인 사례로 제이콥 리스Jacob A. Riis가 1890년에 발간한 『다른 반쪽은 어떻게 사는가How the other half lives』라는 책을 들 수 있다. 이 책은 19세기 후반 경 미국 뉴욕의 빈민가 실상을 글로 쓰면서 동시에 사진으로도 담았는데, 빈민가의 참상을 세상 밖으로 끌어냈다.

제이콥 리스는 덴마크 출신으로 20세에 미국으로 이주하여 성공을 꿈꿨다. 그 자신이 힘겨운 육체노동, 세일즈맨 등으로 어렵게 생활하다 우연히 한 신문사와 인연을 맺고 기자생활을 시작했다. 그는 신문기자 겸 사진가로 활동하면서 빈민가의 실상에 관심을 두었다.

제이콥 리스의 책이 일반 대중이나 정치권에 큰 충격을 줄 수 있었던 것은 빈민들의 비참한 생활을 가감 없이 보여주는 사진이 결정적 역할을 했다. 그는 당시에 발명된 플래시를 사진 촬영에 직접 사용했다. 그래서 빈민가의 뒷골목, 아파트 침실, 술집 등 어두운 곳이나 야간에 벌어지는 현장의 모습을 생생한 모습 그대로 카메라에 담을 수 있었다.

이 책은 제26대 시어도어 루스벨트 대통령에게 깊은 감명을 줬다. 이 책을 통해 리스와 대통령은 서로 교류하게 됐고, 대통령은 현실 문제를 직시하면서 대책을 고민하는 계기가 됐던 것이다. 아울러 뉴욕시 당국에게는

슬럼가의 개선책을 마련하는 계기도 됐다.

루스벨트 대통령은 리스를 '초대장 없이도 백악관에 출입'할 수 있을 정도의 대표적인 사회운동가로 예우했다. 그리고 루스벨트 대통령은 그의 사후에 "이상적인 미국 시민에 가장 가까운 사람으로 리스를 꼽겠다"라고 추도하기도 했다. 루스벨트 대통령이 독점규제법을 강력히 집행하게 된 배경에 리스의 책과 그에 대한 인연이 작용했음을 짐작할 수 있다.

제이콥 리스의 『다른 반쪽은 어떻게 사는가』의 발간 당시 표지.
이 책은 제26대 시어도어 루스벨트 대통령에게 깊은 감명을 주어 독점규제법을 강력하게 집행하는 것은 물론 빈민가 재개발 정책 등을 추진하는 동기를 부여한 것으로 알려졌다.
이 책이 130여년의 세월이 지나 한국에서 『세상의 절반은 어떻게 사는가』라는 제명의 책으로 2017년 번역 출간됐다. (오른쪽) 출처 : Google 검색

19세기말 뉴욕 빈민가의 범죄자 소굴(Bandit's Roost).
월세징수원만이 길을 잃지 않고 갈 수 있었다는 뒷골목은 몰려드는 이민자들과 빈민들이 만들어낸 범죄의 은신처이자 소굴이었다. 제이콥 리스는 당시 개발된 카메라 플래시를 사용하여 이렇게 어두운 곳을 촬영하여 이를 세상에 알릴 수 있었다.
출처 : 제이콥 리스, 그의 저서(Google 검색).

뉴욕 루스벨트 스트리트의 공동주택.
이런 공동주택은 내부의 방 하나를 조명이나 환기를 고려하지 않고 몇 개의 작은 방으로 분할해서 임대됐다. 임대료는 방의 크기와 층에 따라 달랐다. 1888년말 정식 인구조사에 따르면 뉴욕의 공동주택은 3만 2,390채였고, 인구는 109만 3,701명 이었다. 뉴욕에서 가장 과밀한 지역인 이스트사이드의 경우 2.6㎢에 29만 명이 살았다. 필자의 환산으로 공동주택 한 채에 대략 33명이 살았다. 이스트사이드에서는 10평 면적에 약 27명이 살았다고 계산된다.
출처 : 제이콥 리스, 그의 저서(Google 검색). 한국어 번역본 19~21쪽.

뉴욕 베이야드 스트리트의 과밀 공동주택에 있는 숙박인들 모습.
가로 세로 4미터가 되지 않는 방(약 5평 정도) 하나에 12명의 남녀가 머물렀다. 잠자는 숙소에 '입석 외 만원'이라는 알림 표지가 심심찮게 눈에 띄었다. 잠만 자는 조건으로 하룻밤에 6센트를 냈다.
출처 : 제이콥 리스, 그의 저서(Google 검색). 한국어 번역본 115~116쪽.

2장. 트러스트의 번성과 반反트러스트법 제정

2.1. 트러스트라는 괴물의 등장

치열한 경쟁이 벌어지자 기업들은 살아남기 위해 다양한 방법을 고안했다. 철도회사를 중심으로 먼저 시작된 것이 요금 경쟁을 하지 않기로 서로 합의하고, 나아가 함께 요금을 올리는 것이었다. 식육포장업자들은 집단 pool을 형성하여 가입자들에게 계약 물량을 배분하고 소매상인들에게는 정해진 가격대로 물건을 구입하도록 강요하기도 했다.

그런데 위와 같이 경쟁을 회피하는 방법은 오래 지속되지 못하는 단점이 있었다. 참가 기업들이 더 크거나 다른 이익이 예상되는 경우 쉽게 이탈하여 독자적으로 행동했기 때문이다. 이런 방식으로 경쟁을 회피하는 방식을 록펠러John D. Rockfeller는 '썩은 지푸라기로 만든 밧줄ropes of sand'에 불과하다고 판단했다.[8]

그리고 록펠러는 경쟁 기업들을 통합하여 완전하게 통제하면서 단일 체제로 운영할 수 있는 장치를 만들어 냈는데 이것이 트러스트trust였다. 록펠러의 방식은 다음과 같았다. 즉, 합병대상 기업의 주주들이 소유한 주식을 스탠다드사의 주식으로 교환해줬고, 그 주주들은 권리를 포기한 채 주식만 소유했다. 그리고 주주들은 록펠러가 주도하는 9인의 스탠다드사 수탁이사회에 주식을 신탁했다. 이런 방식이 당시에는 불법이 아니었다.

존 록펠러(John D. Rockefeller).
미국 최대의 석유 독점기업인 스탠다드오일
트러스트를 구축했다. 통상적인 기업들의
담합을 '썩은 지푸라기로 만든 밧줄(ropes
of sand)'에 불과하다고 보고 '트러스트'라는
방식으로 독점기업을 구축했다. 그 결과로
1890년경 미국 석유시장의 90% 정도를 지배
했다. 그러나 1911년 연방대법원 판결로 트
러스트가 위법으로 인정되어 해체됐다. 이
후 은퇴하여 시카고대학을 설립하고, 록펠
러재단을 세워 병원 · 의학 연구소 · 교회 ·
학교 등의 자선사업에 전념하다 1937년 97
세로 사망했다. (Google 검색).

미국에서 석유는 1859년 펜실베이니아 주에서 처음 발견됐고, 록펠러는
1863년 합자회사 형태로 클리블랜드에 정유소를 세웠다. 1870년 1월에는
오하이오스탠다드 석유회사를 세웠고, 1879년 6월에는 석유 트러스트를 통
해 재계 제1의 석유그룹을 만들었다. 록펠러가 오하이오스탠다드 석유회사
를 창립한 뒤 미국시장을 독점하는 석유트러스트를 형성하기까지 약 10년
밖에 걸리지 않았다.[9]

록펠러는 다른 정유회사들을 합병했고, 이어서 석유를 수송하는 철도회
사를 수중에 넣었다. 그리고 산유지역으로 눈을 돌려 원유를 채굴하는 유
전을 합병했다. 정유, 석유 수송, 송유관 시설 등을 수중에 넣은 록펠러는
미국의 석유산업 전체를 사실상 독점하는 석유 왕Oil king의 자리에 올랐다.
1890년 당시 미국 석유 시장의 90퍼센트가 그의 통제 아래에 있었다.[10]

록펠러는 1870년 10퍼센트 수준에 불과했던 석유시장 점유율을 트러스

세계 최대의 석유 트러스트를 만들어 낸 스탠다드오일 회사의 트러스트 증서.
록펠러는 이 증서와 배당금을 약속하면서 다른 기업의 경영권을 획득하여 시장을 독점하는
기법을 창안했다. 그리고 약탈적인 수준의 가격 인상, 경쟁기업 배제, 과격한 방식의 다른 기
업 인수 등을 통해 무자비하게 시장을 장악했다. (Google 검색).

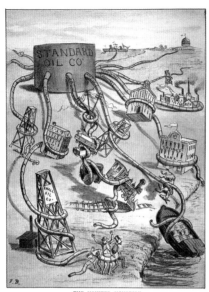

THE MONSTER MONOPOLY.

문어발로 확장하는 스탠다드오일 트러스트. 록펠러는 여러 무자비한 방법을 동원하여 다른 정유회사 합병, 석유수송 철도회사 장악, 원유 채굴 유전 확보, 송유관 시설 인수 등을 통해 1890년 미국 석유시장의 90% 수준을 장악했다. 단기간에 이러한 대규모 독점을 형성하는데 활용한 방식이 바로 '트러스트'였다.
출처 : 미국 『PUCK』 잡지의 만화, 1884. (Google 검색).

트라는 마법을 통해 비교적 단기간에 비약적으로 끌어올렸다. 그러나 스탠다드석유 트러스트는 1911년 5월 15일 연방대법원에서 〈서먼법〉 위반이 확정되어 34개의 작은 기업으로 해체되는 운명을 맞았다.

2.2. 반反트러스트법 제정

트러스트는 기업을 통합하여 시장을 통제하고 지배하는 마법이었다. 석유에서 시작한 트러스트가 다른 분야, 다른 산업으로 계속 번지기 시작했다. 트러스트는 가격을 결정하거나 생산량을 결정했다. 그리고 다른 기업들에게 거래 중단boycotts, 리베이트 요구는 물론 강요하거나 여러 가지 약탈적인 일도 서슴지 않았다. 트러스트가 만들어지면 사실상 시장을 지배할 수 있었다. 반면에 트러스트에 가입하지 않은 기업이 독립적으로 활동하는 것은 어려웠다.

트러스트가 시장을 지배하면 먼저 가격이 올랐다. 그래서 철도 요금, 각종 공산품 가격이 인상됐다. 일반 대중들은 이런 트러스트에 대해 당연히 반감을 갖게 됐다. 그러자 일부 주에서는 회사법에 의한 법인 설립등기 취소나 자체적으로 법을 제정하여 처벌하기 시작했다. 이에 대해 트러스트들은 규제가 실시되지 않는 다른 주로 옮겨서 계속 활동하기도 했다. 주 차원의 대처에 한계가 있는 것으로 드러났다.[11]

따라서 연방정부 차원의 대책이 요구되었다. 특히, 당시 상당한 영향력을 가졌던 농부들은 철도회사의 횡포와 트러스트의 남용으로 장기간 피해를 입었던 관계로 트러스트 반대운동을 주도했다. 여기에 노동자와 중소기업의 성장 세력들이 가세하자, 트러스트에 대한 적대적인 정치적 의견들이 1880년 후반에 활발하게 개진되었다. 그래서 민주·공화 양당은 1888년 대통령 선거공약으로 반反트러스트Anti-trust 입법을 내세웠다.[12]

세계 최초의 독점규제법은 오하이오 출신의 서먼John Sherman 상원의원이 주도했다. 그는 법안 토론에서 "우리가 반트러스트법을 제정하지 못하거나 주저한다면 곧 모든 산업에서 트러스트가 생겨나서 모든 생활필수품의 가격을 결정하는 주인a master이 될 것입니다"라며 법제정이 필요하다고 역설했다.[13]

마침내 1890년 7월 2일 〈불법적인 제한과 독점으로부터 거래 및 통상을 보호하기 위한 법An Act to protect trade and commerce against unlawful restraints and monopolies〉이 제정됐다. 세계 최초의 독점규제법이었다.[14] 이 법은 나중에 제정에 기여한 의원을 명칭으로 하여 〈서먼법〉으로 변경됐다.

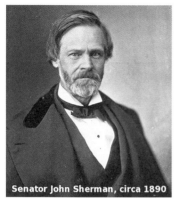

세계 최초의 독점규제법 제정을 주도한 셔먼 상원의원(왼쪽).
그의 고향인 오하이오주 안내판에 반트러스트법 제정에 대한 셔먼의 업적을 소개하고 있다
(오른쪽). 출처 : Google 검색.

〈셔먼법〉은 7개 조항으로 구성되었는데 핵심은 2개 조항이다. 즉, 제1조
에서 거래를 제한하는 트러스트 등을 위법이라고 하여, "여러 주States 사이
혹은 외국과의 거래 또는 통상을 제한하는 모든 계약, 트러스트 등의 형태
에 의한 결합 또는 공모는 위법이다"으로 규정했다. 그리고 제2조에서 독점
화 또는 독점화를 시도하는 행위를 위법이라고 하여, "여러 주States 사이 혹
은 외국과의 거래 또는 통상의 일부를 독점화하거나, 독점화를 기도하거나
혹은 독점화하기 위해 타인과 결합이나 공모를 하는 자는 중죄를 범한 것"
으로 규정했다.

이 법을 위반하는 자는 중대한 죄felony를 범한 것으로 간주했다. 그리고 제
4조에서 법 집행에 대해 규정했는데 연방 검사가 위법 행위자를 기소하고,
법원이 판결하는 절차로 이루어졌다. 위반자에게는 벌금, 신체 구금과 같은
형사 처벌을 내리는 것은 물론 위반행위 중지명령을 통해 트러스트를 해체할
수도 있었다. 그리고 법 집행과 관련하여 특기할 사항은 이 법의 피해자는 피
해액의 3배에 해당하는 금액을 손해배상소송으로 제기할 수 있었다.

트러스트를 규제하는 입법을 위해 상원에 입장하는 주석, 설탕, 강철, 석유, 구리, 철강재 트러스트들이 시큰둥한 표정을 짓고 있다.

반면에 트러스트의 피해로 힘들게 생활하는 나머지 상원의원들은 고통스러운 모습으로 앉아있다. 오른쪽 입구부분을 확대하면 트러스트의 표정이 드러나고, 벽에는 "독점가의, 독점가에 의한, 독점가를 위한"이라는 표어가 붙어있다.

출처 : 미국 『PUCK』 잡지의 만화, 1889. (Google 검색).

2.3. 오히려 증가하는 트러스트

트러스트를 중대한 범죄로 처벌하는 셔먼법이 1890년 제정되었음에도 불구하고 트러스트는 감소하지 않았다. 석유에서 시작한 트러스트가 주석, 구리, 철강, 설탕과 같은 산업으로 번지기 시작했다. 해가 갈수록 감소하기는커녕 오히려 급속히 증가했다.

통계에 따르면 트러스트는 1897년에는 69개였는데 다음해인 1898년에는 303개로 4배 이상 급증했다. 그 다음해인 1899년에는 1,208개로 또 4배

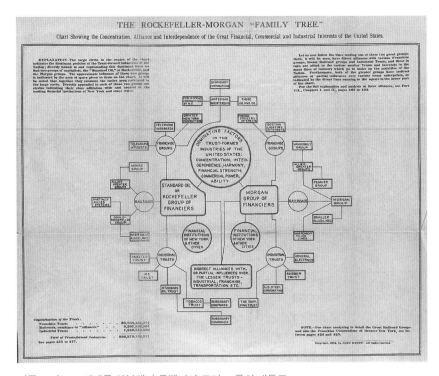

미국 트러스트 시대를 양분했던 록펠러와 모건 그룹의 계통도.
이들 두 그룹은 각각 핵심 산업(록펠러는 석유와 철도 등, 모건은 철강과 철도 등), 이를 뒷받침하는 금융 산업, 그리고 연관 그룹(franchise group) 들이 합병, 연합, 상호 의존, 협조, 금융 연계 등으로 서로 긴밀하게 또는 간접적으로 연결된 구조였다. 사실상 금융·상업·산업의 트러스트로 통합한 거대한 경제력 집중체로 진화했다.
출처 : 1904년 발간된 John Moody, The Truth about the Trusts. (Google 검색).

정도 늘었다. 당시에는 A부터 Z까지 모든 산업에서 트러스트가 존재했던 것이다.

서먼 의원은 반트러스트법을 제정하면서 이 법을 제정하지 못하면 모든 산업에서 트러스트가 생겨날 것이라고 역설했다. 그런데 반트러스트법을 제정했는데도 사실상 모든 산업에서 트러스트가 생겨났다. 독점규제 역사에서 최초의 시행착오trial and error가 나타났다.

한편, 트러스트는 양적 성장과 질적 변화를 통해 거대한 규모로 진화했다. 최초의 트러스트는 동일 업종의 기업들이 하나로 합쳐지는 형태였다. 이들 트러스트는 세월이 흐르며 원자재, 생산시설, 유통부문을 수직적으로 통합했다. 더 나아가 다른 산업 분야를 합병, 연합, 상호 의존, 협조, 금융 연계 등으로 긴밀하게 또는 간접적으로 연결하여 거대한 경제력 집중체로 성장했다. 대표적으로 록펠러와 J. P. 모건이 그랬다.

모건의 경우 금융을 바탕으로 철강, 철도회사 등을 통합한 트러스트중의 트러스트를 탄생시켰다. 모건은 당시 철강 왕 카네기의 트러스트를 약 5억

J. P. 모건(John Pierpont Morgan).
미국의 은행가, 금융가로 독점적 금융그룹을 만들었다. 그리고 이를 바탕으로 철도, 철강, 전신 등 주요 산업으로 확장했다.
특히, '산업의 쌀'이라는 철강업에 진출하여 1901년 앤드류 카네기의 철강회사를 5억 달러에 매입해 자본금 14억 달러의 유에스스틸을 탄생시켜 '철강 왕'이 되기도 했다. 또한 전신회사 웨스턴유니언을 비롯해 미국의 주요 산업이나 기업을 장악하여 거대 그룹을 구축했다. 1913년 76세로 사망했다.
출처 : Google 검색.

거대하고 강건한 모습의 J.P. 모건과 작고 가냘픈 모습의 엉클 샘(Uncle Sam, 미국을 상징)이
라는 소년이 함께 배를 타고 있다. 미국이라는 국가의 운명이 노를 젓고 있는 모건에게 맡겨진
것으로 그렸다. 국가마저도 트러스트의 위력 앞에 무기력했던 시대였다.
출처 : 미국『PUCK』잡지의 만화, 26 April 1911. (Google 검색).

달러에 매입하는 등 12개의 철강회사를 통합하여 유에스스틸US Steel을 창립했다. 이 회사는 당시 자본금 14억 달러의 초대형 기업으로 철광산, 증기선 선단, 철도회사까지 보유한 거대한 트러스트였다.

이처럼 트러스트 형성의 배후에 금융의 힘이 있었다. 그리고 당시 '금융왕'은 모건이었는데, 그는 미국이라는 국가보다 우위의 존재였다. 아래 만화가 그 때의 실상을 압축적으로 표현하고 있다.

모건은 미국을 상징하는 엉클 샘Uncle Sam보다 훨씬 거대하고 강건한 모습이다. 그가 작고 가냘픈 소년 모습의 엉클 샘을 굽어보며 노를 젓고 있다. 미국이라는 국가의 운명이 모건에게 맡겨져 있다. 국가마저도 트러스트의 위력 앞에 무기력했던 시대였다.

2.4. 노동조합 활동에 먼저 집행된 〈셔먼법〉

트러스트를 규제하기 위해 제정된 〈서먼법〉은 초기에는 제대로 집행되지 못했다. 법의 목적과는 반대로 집행됐다고 보는 것이 적절하겠다. 트러스트를 규제하는 것이 아니라 트러스트의 피해를 입고 있던 노동조합의 활동에 주로 적용됐던 것이다. 그것도 몇 년이 아니라 십 수 년이나 그랬다.

〈서먼법〉은 제1조에서 '거래 또는 통상을 제한하는 모든 계약, 트러스트 등의 형태에 의한 결합 또는 공모'를 위법으로 규정했다. 노동조합은 트러스트에 대항하기 위해 만든 노동자들의 결합체였는데 이들의 단체행동이 기업들과의 자유로운 교섭을 제한하는 행위로 인식됐다. 그래서 〈서먼법〉을 노동조합 활동에 먼저 적용하는 사태가 발생했다.

〈서먼법〉을 노동조합에 적용한 첫 판례는 1893년에 나타났다. 2건이 모두 뉴올리언스에서 발생했고, 동일한 지방법원에서 판결했다.[15] 첫 번째 사례는 선박소유자들이 선원들의 단체행동에 대해 제기한 소송에서 법원이 선박소유자들의 손해를 인정한 것이다.[16] 두 번째 사례에서 법원은 부두 노동자들의 단체행동에 대해 〈서먼법〉을 적용할 수 있다고 판결했다.[17]

1894년에는 미국 노동운동사에 이정표가 된 풀만Pullman회사의 철도파업이 발생했다.[18] 풀만회사가 저임금의 흑인노동자를 고용하면서 기존 철도노동자들의 임금까지 함께 낮추는 동시에, 노동자들에게 임대해주던 숙소 월세를 그대로 유지했다. 그러자 노동자들의 불만은 1894년 5월 11일 파업으로 폭발했다.

노동조합 인정, 임금 인상, 월세 인하를 목표로 파업과 시위가 시작됐다. 그러자 미국철도연맹ARU; American Railway Union이 개입하면서 25만명 정도의 노동자들이 참여하는 대규모 사태로 발전되어 화물과 여객철도망이 마비됐다.

이 파업이 장기화되고 폭력 시위로 번지자 연방정부가 나섰고, 연방군대까지 동원하여 1894년 7월 20일 진압했다. 이 과정에서 30명 사망, 57명 부상, 8천만 달러 상당의 재산피해가 났다.[19]

그런데 연방정부는 풀만 파업을 진압하기 위해 물리적으로는 군대를 이용했고, 법적으로는 〈서먼법〉을 적용했다. 즉, 거래 또는 통상을 제한하는 공모행위를 불법으로 규정한 〈서먼법〉에 따라 법원이 중지명령injunctions을

풀만회사는 철도 노동자들의 임금을 깎으면서 그들에게 임대해주던 숙소의 높은 임대료를 그대로 유지하는 방법으로 노동자들을 쥐어짰다. 그러자 1894년 5월 11일 노동자들이 파업을 시작했다. 이 파업에 미국철도연맹(ARU)이 개입하면서 대규모 시위로 번졌다.
출처 : 미국『시카고 노동 신문(Chicago Labor Newspaper)』1894. 7. 7. (Google 검색).

풀만회사 파업에서 시작된 대규모 철도파업에 대해 연방정부 군대를 동원하여 무력으로 진압하고 있다. 정부는 노동자 파업과 시위를 진압하는데 무력과 함께 〈셔먼법〉을 이용했다.
출처 : 1894.7.7. 현장을 그린 G. W. Peters 그림. (Google 검색).

내리고 이를 불이행하면 위법이었다.[20] 미국철도연맹ARU 지도자들은 체포되어 6개월 구금형과 같은 처벌을 받았다.

이후에도 노동조합 활동에 〈셔먼법〉을 적용하여 처벌하는 사례가 속출했다. 대표적으로 댄버리 모자업자 사례Danbury Hatters' case를 들 수 있다.[21] 이 사건은 코네티컷주 댄버리에서 모피 모자를 제조하던 로웨Loewe사가 1901년 오픈 숍open shop[22] 채택을 선언하면서 시작됐다.

이에 대해 82개 모자회사 중 70개사를 회원으로 하는 북미모자연맹UHU ; United Hatters of North America이 즉각 파업과 로웨사와의 거래중단boycott을 선언했다. 이어서 미국노동총연맹AFL ; American Federation of Labor이 도매상, 소매상, 소비자들에게 전국적인 거래중단을 설득했고, 결과는 성공적이었다.

그러자 로웨사는 UHU의 사업 대리인이던 로러Lawlor를 상대로 소송을 시작했다. 하급심은 이 소송이 셔먼법 적용범위가 아니라고 판결했지만 연방대법원의 1908년 2월 3일 판결은 달랐다. UHU가 〈셔먼법〉을 위반하여 거래를 제한했다고 만장일치로 판결했다. 파업의 직접 당사자가 아니었던 UHU라는 2차 당사자의 개입을 위법이라고 인정했다.

더욱이 〈셔먼법〉 위반이 확정된 후 이 사건에서는 노동조합에게 피해액의 3배를 손해배상으로 지급해야 하는지에 관한 피해배상소송까지 제기됐

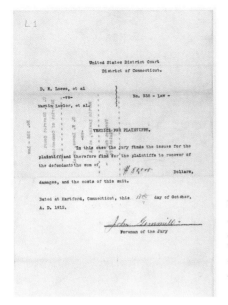

〈셔먼법〉위반으로 노동조합에게 3배 손해배상을 인정한 평결서. 노동조합 활동으로 발생한 피해액을 8만 달러(소송비 포함)로 결정했다. 3배 손해배상소송에서는 위반 행위자가 원고에게 피해액의 3배를 손해배상 한다.
출처 : Loewe v. Lawlor - Wikipedia (Google 검색).

다. 1909년 하급심은 로웨사가 위법행위로 입은 피해액을 7만 4천 달러로 평결했다. 그리고 이 금액의 3배에 해당하는 22만 2천 달러의 배상을 명했다. 연방대법원도 1914년 손해배상을 확정했고, 소송비 등을 고려하여 최종 배상액을 23만 4천 달러로 조정했다.

이러한 판결이 잇따르자 노동조합은 파업이나 거래중단과 같은 수단을 이용하여 활동하는 것이 원천적으로 어려워질 수밖에 없었다. 특히, 노동조합 노동자들은 파업으로 발생한 피해액의 3배를 배상하도록 하는 3배 손해배상소송에 시달려야했다.[23]

이에 따라 노동조합 운동가들은 독점규제법 개혁을 외쳤다. 미국노동총동맹 AFL을 중심으로 노동조합 활동에 〈셔먼법〉을 적용하는 것이 부적절하고, 이를 개혁할 것을 강력히 요구했던 것이다. 이후 1914년에 제정된 〈클레이튼법〉에서는 노동조합 활동에 대해서 독점규제법을 적용하지 않는다고 제6조에 명문으로 규정했다. 이에 대해서는 뒤에서 다시 설명한다.

2.5. 〈셔먼법〉 판결에 숨어있는 문제

〈셔먼법〉은 노동조합 활동을 먼저 법적용 대상으로 한 것도 문제였지만, 사법절차를 통한 집행에도 여러 가지 문제가 있음을 보여줬다. 법 규정이 추상적이거나 애매하여 불분명한 탓도 있었지만, 집행을 담당하는 법무성이나 법원의 태도도 소극적이었다. 연방대법원의 판례를 살펴보면 이러한 사정을 쉽게 이해할 수 있다.

연방대법원에서 최초로 〈셔먼법〉 위반 여부를 놓고 다투어진 것은 소위 설탕 트러스트 사건[24]이었다. 이 사건은 1892년 미국제당회사가 이. 씨. 나이트E. C. Knight와 다른 몇 개의 회사를 인수하여 전체 시장의 98퍼센트를 차지하여 문제가 됐다. 그러자 클리브랜드 대통령이 이 회사를 〈셔먼법〉 위반으로 기소하여 인수를 막도록 지시했다. 그런데 대법원이 1895년 1월 21일 이 사건의 위법을 인정하지 않았다.

이 사건에서 주요 쟁점은 〈셔먼법〉이 여러 주 사이interstate의 거래나 통상을 제한하는 결합 또는 공모를 위법으로 규정하고 있었는데, 주 안에서 intrastate의 행위에 대해 위법을 인정할 수 있는지 여부였다. 즉, 설탕회사가 인수한 회사들이 하나의 주 안에서 결합했는데 이것이 위법한가의 문제였다.

대법원은 제조업에서의 결합은 주 안에서의 통상을 제한할 뿐 여러 주 사이의 거래나 통상을 제한하지는 않는 것으로 판단하여 8대 1로 위법을 인정하지 않았다. 또한 제조업에서 다른 회사를 인수하는 것이 다른 주에도 영향을 미치는 것은 부수적이고 간접적인 결과라고 판단했다.

연방대법원이 최초로 〈셔먼법〉 위반을 인정한 것은 미주리화물운송협회Trans-Missouri Freight Association 사건이었다.[25] 당시 미시시피강 서쪽에서 화물운송을 하는 18개 철도회사들은 협회를 구성하기로 합의하고 1889년 4

월 1일부터 시행했다. 이 협회는 운송구역 분할, 운송요금 결정, 운송에 관한 여러 규칙 제정, 협정 위반 조사, 위반자에 대한 벌칙 등을 합의했다.

이 협회의 행위가 1892년 1월 6일 제소됐지만 1심과 항소심은 위법을 인정하지 않았다. 그러나 연방대법원은 1897년 3월 22일 판결에서 찬성 5, 반대 4로 위법을 인정하고 화물협회를 해산하도록 판결했다. 협정 시행 후 약 8년이 경과했고, 법원 제소 후 약 5년의 세월이 지난 뒤였다.

비록 연방대법원이 최초로 〈서먼법〉 위반을 인정했지만 법위반으로 인정되기가 얼마나 어려운지를 보여준 판결이었다. 우선 4명의 대법관이 반대했는데, 이들은 거래를 제한하는 합리적인 협정은 위법이 아니며, 따라서 모든 협정이 위법이 아니라는 입장이었다. 이른바 합리의 원칙을 적용하여 판단했다.

또한 〈서먼법〉이 '모든' 협정을 금지하면 사업 자체를 거래하는 협정에도 이 법을 적용할 수 있는지가 의문이었다. 계약이 일종의 협정이면 자칫 모든 계약을 위법이라고 해석할 수도 있는 문제였다. 아울러 대법원은 다른 판결에서 협정이 직접적이고 즉각적이며 불가피한 효과가 있는 거래를 제한하는 것이 위법이라고 했다. 앞에서 소개한 설탕 트러스트 사건에서와 같이 협정의 효과가 간접적이고 부수적이었다고 판단한다면 위법을 인정하지 않았을 것이다. 비록 대법원이 위법을 인정했어도 앞으로 다른 사건에서는 정반대의 결과가 나올 수도 있다는 것을 짐작케 했다.

연방대법원은 1905년 1월 30일 소위 소고기 트러스트 사건[26]에서도 〈서먼법〉 위법을 인정했다. 이 사건에서 쟁점은 6개 대형 도축업자들의 합병이 여러 주 사이의 거래나 통상을 제한하는지 여부였다. 설탕 트러스트 사건의 쟁점과 같았지만 법원의 판결 결과는 달랐다.

이 사건은 1902년 시어도어 루스벨트 대통령이 소고기 트러스트를 〈서먼법〉 위반으로 기소하도록 지시하여 시작됐다. 시카고의 6개 메이저 도축업자들은 가격을 고정하고 가축시장과 정육시장을 분할했다. 그리고 이들이 경쟁 사업자들을 블랙리스트로 관리하고, 입찰을 교란시키며, 철도회사로부터 리베이트를 받은 것이 문제됐다. 정부가 이들 회사를 조사하여 1902년에 중지명령을 내리자 이들 6개 회사들이 1903년 한 회사로 합병했다. 그래서 기소됐다.

지방법원에서 위법을 인정하여 중지명령을 내렸지만 다툼은 대법원까지 이어졌다. 대법원은 어떤 산업에서 광범위한 통상의 연결고리broad chains of commerce가 존재하면 여러 주 사이의 통상이라고 판단했다. 즉, 가축 거래, 도축, 식육판매가 일종의 흐름stream으로 연결되는 점을 감안하여 거래 제한의 효과가 여러 주 사이에서 발생한다는 것이다. 이에 따라 대법원은 만장일치로 위법을 인정했다.

이러한 초기 〈서먼법〉 위반 사건의 판례를 살펴보면 원칙과 예외가 불분명했다. 경쟁해야 할 기업들이 협정이나 공모를 하여 경쟁을 회피해도 위법이 아니었다. 이런 협정이 합리적이거나, 사업 자체를 인수하는 형태로 거래하거나, 협정의 효과가 부수적이거나 간접적이면 위법이 아니라고 판단했다. 일부에서는 법 규정이 애매하거나 추상적이었기 때문이라고 지적하는가 하면, 다른 한편에서는 트러스트를 분쇄하는데 사법절차가 소극적이었기 때문이라는 의견도 있었다.

아울러 〈서먼법〉을 사법절차로 집행하다보니 트러스트가 형성된 이후에 사후적으로 처리할 수밖에 없었다. 트러스트의 피해가 발생한 이후의 대처였다. 그리고 처리하는데 장기간의 시간이 소요됐다. 미주리화물운송협회 사건을 보면 재판에만 5년 정도의 세월이 걸렸다.

이러한 〈서먼법〉 집행에 대해 일반 대중이나 노동조합은 물론 행정부나 입법부에서 불만과 비판이 쏟아져 나왔다. 노동조합에 대한 적용 제외, 적극적인 법집행, 나아가 새로운 입법, 다른 절차를 통한 트러스트 규제 대책을 요구하는 목소리가 점점 높아져갔다.

2.6. 트러스트와 함께 온통 썩어버린 사회

트러스트를 규제하기 위해 1890년 〈셔먼법〉을 제정해서 집행했지만 상황이 나아지기는커녕 더욱 악화됐다. 〈셔먼법〉이 노동조합 활동을 억압하는데 주로 적용됐다. 트러스트 숫자는 줄어드는 것이 아니라 더욱 늘어나 거의 모든 분야의 산업에 존재하는 괴물이 되다시피 했다. 트러스트의 절정기였던 1899년에 1,208개나 되는 트러스트가 존재했다.

트러스트가 판을 치면서 미국은 나라 전체가 온전한 데를 찾을 수 없을 정도로 썩고 또 썩었다. 입법부와 행정부는 각종 이권이나 보조금을 차지

돈 많은 기업가가 자신을 상원의원으로 선출해달라고 의원들에게 돈을 뿌리는 모습. 트러스트가 판을 치면서 나라 전체가 썩고 또 썩었다. 트러스트들은 각종 이권이나 보조금을 챙기기 위해 입법부나 행정부 등을 가리지 않고 뇌물과 리베이트를 뿌렸다.
출처 : 1900. 10. 28. 일자 몬태나 『The Anaconda Standard』에 실린 풍자만화. (Google 검색).

하려는 트러스트들의 뇌물과 리베이트로 얼룩졌다. 시장에서는 힘 센 자는 활개를 쳤지만 수많은 노동자와 농민들은 비참한 생활을 이어갔다. 사회는 부정과 비리, 협잡과 폭력이 난무하는 아수라장으로 변했다.

이처럼 썩고 썩은 경제·사회의 적나라한 모습은 책, 신문, 잡지와 같은 인쇄매체들을 통해 널리 알려졌다. 신문의 연재소설이나 기획기사, 잡지의 기사나 연재물 형태로 트러스트의 비리나 추문이 수없이 폭로됐고, 대도시와 공장의 추악한 실태도 드러났다.

제이콥 리스는 1890년『다른 반쪽은 어떻게 사는가』에서 도시 하층민의 비참한 생활을 사진과 글로 폭로했다. 그리고 10여년이 흐른 뒤 추문을 폭로하는 저널리즘[27]이 새로운 유행으로 정착했다. 이들은 트러스트를 직접 겨누거나 공장 내부 또는 대도시 등으로 대상을 확대하여 이곳저곳의 썩어 빠진 모습을 적나라하게 세상에 전했다. 이 시기에 활약한 대표적인 작가로는 보스트 자매, 아이다 타벨, 스테펀스, 싱클레어 등을 들 수 있다.

보스트 자매Mrs. John van Vorst, Marie van Vorst는 공장에 노동자로 취업해 공장 노동자들의 실상을 글로 썼고, 잡지에 연재했던 글들을 모아 1903년『일하는 여성The Woman Who Toils』이라는 책을 펴냈다. 시어도어 루스벨트 대통령이 서문을 쓴 이 책에서 언니는 피츠버그 피클 공장, 뉴욕 공장지대, 시카고 의류공장 노동자들의 비참한 실태를 전했다. 동생은 매사추세츠의 구두공장, 사우스 캐롤라이나의 면방직 공장에서 1달러 이하의 임금으로 10시간 내지 12시간씩 일하는 여성들의 고단한 삶을 체험했다. 아울러 어린이 노동의 실상을 목격하고 이를 폭로하기도 했다.

아이다 타벨Ida M. Tarbell은 록펠러의 스탠다드석유 트러스트를 대상으로 비도덕적이고 잔인한 경쟁의 실태와 정부의 방임, 그리고 이로 인한 노동자들의 비참한 생활을 폭로했다. 특히 록펠러가 독점상태에서 파괴적 수준의

추문 폭로 저널리즘의 유행

미국에서 1890년대부터 1920년대에 걸쳐 머크레이킹muckraking 이라는 추문 폭로 저널리즘이 유행했다. 이 용어는 시어도어 루스벨트 대통령이 1906년 4월 14일 하원 연설에서 사용하여 유행했지만, 1678년 존 번연John Bunyan의 『천로역정Philgrim Progress』에서 '발밑의 거름을 휘젓느라 하나님의 은총을 모르는 사람muckraker'이라는 표현에서 유래했다고 한다.

추문 폭로자들은 독점기업 횡포, 정치인 부패, 도시 빈곤, 열악한 노동환경, 여성이나 어린이 노동 등과 같은 경제 사회 문제들을 신문, 잡지, 책과 같은 인쇄매체를 통해 대중에게 널리 알렸다. 그리고 폭로의 대상을 확대하고, 방법을 다양화하면서 많은 기자나 작가들이 이 대열에 참여했다.

당시 대표적인 추문 폭로 전문지는 1893년 6월에 창간된 『매클루어스 잡지McCLURE'S MAGAZINE』였다. 이 잡지에는 매달 수많은 폭로 연재물이 게재됐다. 주로 기고했던 유명한 기자가 아이다 타벨, 링컨 스테펀스 등이었고, 소설가로는 업튼 싱클레어 등이 있었다.

다른 폭로 전문지로는 1886년 창간된 『코스모폴리탄The Cosmopolitan』, 1889년 창간된 『먼지MUNSEY』 등이 있었다. 이들 잡지들은 1부당 판매가를 15센트에서 10센트까지 낮추면서 발행부수를 대폭 늘렸는데, 전성기에는 『매클루어스 잡지』50만부를 포함하여 총 300만부에 이르렀다.

시어도어 루스벨트 대통령은 대통령 당선 후 머크레이커들과 긴밀한 관계를 유지했다. 대통령은 이들과 대화하며 사회 현실을 이

추문 폭로 전문지들.
대표적인 것이 『매클루어스 잡지(1901년 1월호 표지)』였고, 이외에도 『코스모폴리탄
(1917년 11월호 표지)』, 『먼지(1911년 5월호 표지)』 등이 있었다. 이들 폭로 전문지는 전
성기에 총 300만부를 발행했다. 출처 : Wikipedia. (Google 검색).

해하고 영감을 얻어 수많은 개혁을 추진했다. 그러나 루스벨트 이
후에 보수적인 윌리엄 태프트 대통령이 당선되고 이들의 영향력은
시들어졌다. 그렇지만 머크레이커들의 활동은 탐사 보도investigative
journalism라는 영역으로 자리매김하여 오늘날까지 그 명맥을 유지
하고 있다.

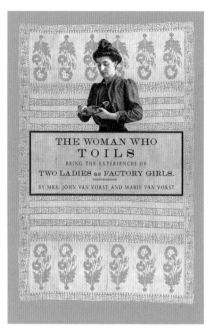

보스트 자매의 『일하는 여성』.
자매가 실제로 노동자로 취업해 열악한 환경
에서 저임금으로 일하는 노동자들의 실상을
썼다. 출처 : Google 검색.

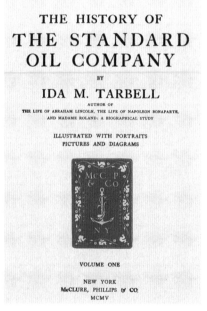

아이다 타벨의 『스탠다드석유회사의 역사』.
이 책은 록펠러가 구축한 스탠다드오일 트러
스트의 온갖 불법과 추문을 당시의 서류나
관계자 인터뷰 등을 통해 낱낱이 조사하고
기록하여 탐사 보도의 모범이 된 책이다.
출처 : Google 검색.

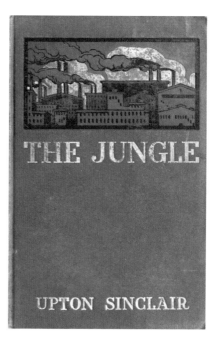

싱클레어의 소설 『정글』.
시카고 소고기 도축장과 유통점들의 비위생
적인 실태를 너무나 충격적으로 폭로했다.
출처 : Google 검색.

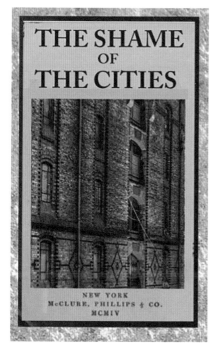

스테펀스의 『도시의 수치』.
미국 주요 도시들의 부패한 모습을 쓴 책이다.
출처 : Google 검색.

철도요금, 약탈적 석유가격, 잠재적인 경쟁자를 배제하는 법제정과 이를 위한 리베이트 제공, 무자비한 방식의 기업 인수나 합병 등을 통해 독점기업을 만들어가는 과정을 상세히 기록했다.

그녀는 추문 폭로를 전문으로 하는『매클루어스 잡지』에 1902년 11월부터 1904년까지 12회에 걸쳐 게재했던 기획기사들을 모아 1904년『스탠다드 석유회사의 역사The History of Standard Oil Company』라는 2권의 책으로 발간했다. 타벨의 아버지가 록펠러와 실제로 경쟁하다가 실패했던 과정을 가까이서 듣고 본 경험도 썼다. 이 책은 트러스트의 추문을 폭로하는데 선도적인 역할을 한 베스트셀러였다. 그리고 당시의 서류나 관계자 인터뷰 등을 낱낱이 조사하고 기록하여 탐사 보도investigative journalism의 모범이 됐다.

스테펀스Lincoln Steffens는 주요 미국 도시들의 부패한 모습을 잡지에 연재한 글들을 모아 1904년『도시의 수치The Shame of Cities』를 발간했다. 그는 이 책에서 "세인트루이스는 뇌물을 대표하고, 인디애나폴리스는 정책상의 부정한 재산을 의미하며, 피츠버그는 정치와 공업의 유착 관계를 보여준다. 필라델피아는 문화 제도의 철저한 부패를 보여주고, 시카고는 개혁의 허상을 증명하며, 뉴욕은 좋은 정부라는 것은 환상에 불과하다는 것을 입증한다."라고 미국의 도시를 평가했다.[28]

싱클레어Upton Sinclair는 시카고 식육포장공장의 비위생적 환경을 충격적으로 폭로한『정글The Jungle』이라는 소설을 펴냈다. 이 소설은 1905년부터 사회주의 신문에 연재됐던 것을 1906년에 단행본으로 엮었다. 저자는 소고기 도축장과 식육 유통점을 직접 방문해서 조사한 내용을 소설에서 묘사했다. 비위생적인 도축장의 실태를 충격적으로 폭로한 이 소설은 엄청난 사회적 반향을 불러일으켰다. 이 책 발간 후 시어도어 루스벨트 대통령이 싱클레어를 백악관으로 초청하기도 했고, 위생안전을 위한 여러 제도가 마련됐다.

도축장의 충격적인 위생 실태

싱클레어가 소설『정글』에서 그려낸 도축장의 위생실태는 가히 충격적이었다. 비록 소설에 나오는 내용이었지만 독자들은 이를 현실로 받아들여 책을 읽다가 구토하는 사람들마저 나타났다. 일부분을 소개해본다.

"포장 노동자들은 고기가 도저히 사용할 수 없을 정도로 부패될 때면 그것들을 캔 제품으로 만들거나 썰어서 소시지에 넣었다. …… 그곳에선 소시지에 썰어 넣는 것이 무엇인지 아무런 관심도 기울이지 않았다. 또한 수입 불가 판정을 받은, 곰팡이가 피고 희멀건 유럽산 소시지들이 들어왔는데, 그것들은 보록스와 글리세린으로 처리된 후 가공 장치에서 재차 가정용 식품으로 제조되었다.

또 그곳에는 먼지와 톱밥이 가득한 바닥에 고기들이 내팽개쳐져 있고, 그 위에서 노동자들이 고기를 짓밟고 침을 뱉어대기 때문에 수십억 마리의 세균이 득실거렸다. 창고마다 수많은 고깃덩어리들이 쌓여 있고, 곳곳에서 새어나오는 물이 그 위로 떨어지고, 그 주위로는 수천 마리의 쥐들이 내달리고 있었다.

이런 저장고들은 너무 어두침침해서 제대로 볼 수도 없지만, 이 고깃덩이들 위에 널린 말라빠진 쥐똥을 손으로 치워낼 수는 있었다. 이 쥐들은 아주 골칫거리여서 노동자들은 독이 든 빵들을 놓아두곤 했는데, 쥐들은 그것을 먹고 죽었다. 그러면 쥐들과 빵과 고깃덩이들은 모두 한꺼번에 가공 장치 안으로 들어갔다."

싱클레어는 본래 위생 문제가 아니라 노동자의 비참하고 위험한 노동실태를 고발하기 위해 이 소설을 썼다. 그러나 도축산업의 위생상태가 워낙 충격적이어서 이 소설이 발간된 이후 〈안전한 식품 및 의약품법Pure Food and Drug Act〉, 〈식육 검사법Meat Inspection Act〉 제정과 같은 조치들이 이루어졌다.

출처 : 강준만, "썩어도 이렇게 썩을 수가 있는가? 머크레이킹(muckraking)의 시대", 『주제가 있는 미국사』, 2014.6.24.에서 재인용.

2.7. '문어 사냥꾼'의 등장

〈셔먼법〉 제정과 집행을 통해 트러스트 문제를 제대로 해결하지 못하는 가운데 트러스트는 계속 증가했고, 석유나 강철 산업에서는 거대한 트러스트도 등장했다. 이들의 비리와 횡포를 폭로하는 기사들이 끊임없이 보도됐고 노동조합의 불만도 커져갔다. 대중들은 트러스트에 대해 적극적으로 대처해나갈 것을 요구하는 목소리를 계속 높였다.

이러한 상황에서 1900년 초에 세 개의 대형사건이 발생했다. 첫째는 1901년 J. P. 모건이 카네기의 강철회사를 매입하여 거대한 강철 트러스트를 설립한 것이다. 이렇게 탄생한 유에스스틸은 자본금이 무려 14억 달러에 달하는 트러스트 중의 트러스트였다. 당시 미국 정부의 1년 예산이 5억 2천 만 달러였고, 미국 전체 제조업의 자본 총액이 90억 달러였던 점을 감안하면 어마어마한 규모였던 것이다.[29]

둘째는 모건과 제임스 힐이 미국 북서부의 철도노선을 장악하면서 주식시장을 뒤흔든 사건이다. 노던퍼시픽철도회사Northern Pacific Railroad의 주식을 서로 매입하려고 경쟁하면서 이 회사의 주가가 갑자기 수 백 배나 치솟

앉고, 이에 투기꾼들이 가세하면서 주식가격이 폭락과 폭등을 반복했다. 최종적으로 모건과 힐이 그 철도회사를 수중에 넣었고, 힐은 노던시큐리티즈Northern Securities라는 지주회사를 설립하여 자신이 지배하던 3개의 철도회사를 통합했다.[30] 새로운 거대 철도회사가 탄생했다.

셋째는 사회 혼란의 와중에 제25대 맥킨리 대통령이 어느 국수주의자의 총격으로 암살됐다. 트러스트 문제에 소극적이었던 대통령에 이어서 당시 부통령이었던 시어도어 루스벨트[31]가 1901년 9월 제26대 대통령으로 승계됐다. 새 대통령은 전임자와 달리 트러스트 문제에 적극 대처해 나갔다.

루스벨트 대통령은 취임 연설에서 "기업이 공업을 중심으로 거대한 재산을 축적함으로써 불가피하게 빈부격차와 경제적인 폐단을 야기했다"라고 말한 뒤 "우리들이 감행하는 실험의 성공 여부는 우리 자신의 행복에만 결부되어 있는 것이 아니라 인류의 행복과도 연관되어 있다. 만일 우리들이

미국의 26대 대통령 시어도어 루스벨트 (Theodore Roosevelt).
전임 맥킨리 대통령의 암살로 1901년 3월 대통령을 승계하고 그 이후 대통령에 당선돼 1909년 까지 약 8년간 재임했다. 재임 중 모두 43건의 트러스트를 기소하여 '문어 사냥꾼(octopus hunter)' 또는 '트러스트 분쇄자(trust buster)'로 불린다. 출처 : Google 검색.

실패하면 전 세계 자유 자치 정부의 기초는 곧 동요할 것이다"라고 날카롭게 지적했다.[32] 루스벨트는 트러스트가 미국의 경제 파탄은 물론 인류의 행복마저 위협하는 존재로 인식했고, 이에 대해 중대한 조치를 취할 것임을 공개적으로 밝혔던 것이다.

그리고 루스벨트 대통령은 트러스트에 대한 강력한 법집행을 시작했다. 처음에는 트러스트를 파괴할 생각이 없었고, 단지 트러스트를 정부의 통제 범위 안에 두려고 했다. 즉, 독점 기업일지라도 미국 정부의 권위 하에서 활동하도록 만들고, 법을 위반해서는 안 된다는 사실을 스스로 인정하도록 만들려는 정도였다. 그러나 이 기업가들이 매우 오만하여 상원 청문회에 출석을 거부하기도 했다. 법률도 초월할 수 있다고 확신한 그들의 교만에 대해 대통령이 대가를 치르도록 했다.[33]

이러한 루스벨트 대통령에 대해 J. P. 모건이 "귀하께서는 저의 강철 트러스트와 기타 트러스트를 공격할 작정입니까?"라고 큰소리 쳤지만, 이런 대응

NO MOLLY-CODDLING HERE

루스벨트 대통령이 트러스트를 쓰러트리고 있다.
그는 약 8년간 재임하며 1890년 제정되었지만 거의 사문화됐던 〈서먼법〉을 적용하여 43건의 트러스트를 기소했다. 그러나 루스벨트 대통령은 트러스트를 모두 궤멸시키려 하지 않았고, 이를 통제해야 한다는 입장이었다. 출처 : 1902년 또는 1904년 정치 만화로 작가나 출처 미상.(Google 검색).

러시모어산의 『큰 바위 얼굴』 조각.
4명의 전직 대통령 얼굴이 조각돼 있다. 맨 왼쪽이 초대 조지 워싱턴, 두 번째가 제3대 토머스 제퍼슨, 세 번째가 '문어 사냥꾼' 또는 '트러스트 분쇄자'라고 불리는 제26대 시어도어 루스벨트, 네 번째가 제16대 에이브러햄 링컨 대통령이다. 오른쪽 사진은 루스벨트 대통령의 얼굴 부분을 크게 확대한 모습이다. 출처 : Google 검색.

에 아랑곳하지 않았다. 그리고 트러스트에 대해 강력한 법집행을 했다. 미국 역사상 처음으로 대통령이 산업 거부들의 권력에 도전을 했던 것이다.[34]

루스벨트 대통령은 두 차례 임기 중에 모두 43건의 트러스트 기소 안건을 제출하도록 지시했다.[35] 이미 부통령 시절에 위에서 설명한 노던시큐리티즈 지주회사를 기소하도록 지시했고, 연방대법원이 5 대 4로 〈셔먼법〉 위반을 인정하여 이 지주회사가 해체되기도 했다. 1905년 소고기 트러스트가 법 위반으로 인정되기도 했다. 스탠다드석유회사는 1911년 해체되는 운명을 맞았다. 이처럼 수많은 트러스트들이 〈셔먼법〉 위반으로 종말을 맞았다. 거의 죽은 것으로 알았던 셔먼법이 독점규제법이라는 본연의 역할을 해냈다고 하겠다.

역사가들은 이처럼 트러스트에 대해 마치 전쟁을 치르듯이 대처했던 루스벨트 대통령을 '문어 사냥꾼octopus hunter' 또는 '트러스트 분쇄자trust buster'라고 불렀다. 그리고 후세 사람들은 상징적인 기념물을 세워 그의 업적을 기리고 있다. 미국 사우스다코타주 러시모어산Mount Rushmore에 새겨진『큰 바위 얼굴』이 그것이다.

네 명의 전직 대통령 얼굴을 조각한 곳에 건국의 토대를 쌓은 조지 워싱턴 초대 대통령과 토머스 제퍼슨 제3대 대통령, 노예 해방을 이끌었던 에이브러햄 링컨 제16대 대통령과 함께 제26대 시어도어 루스벨트 대통령을 함께 새겼다. 트러스트에 강력하고 엄정하게 대처했던 그를 후세인들이 높게 평가한 결과였다.

2.8. 정부 개입의 제도화

트러스트 분쇄자의 등장은 정부가 기업 활동에 본격적으로 개입했다는 것을 의미한다. 산업발전과정에서『강도 귀족들』과 트러스트의 번창이 불가피한 산물이었다면, 이러한 폐해를 방지하기 위한 트러스트 분쇄자의 등장도 역사적 산물이라고 하겠다. 자유방임의 시대에 기업가 마음대로 결정하고 운영하던 경제 활동에 정부가 여러 가지 규제와 통제를 가하기 시작했다.

루스벨트 대통령 시대의 정부 개입은 단순히 트러스트의 폐해를 개선하기 위해서만은 아니었다. 앞에서 설명한 대통령 취임사에서 보듯 경제의 폐단을 그대로 방치하는 경우 국가의 안녕을 해치는 것은 물론 인류의 행복까지도 위협할 수 있다고 보고 정치적인 결단을 내렸던 것이라고 하겠다.

그 가운데 대표적인 조치의 하나가 1903년 2월 14일 통상노동성 Department of Commerce and Labor을 설치한 것이었다. 이 기관은 1913년 3월 4일 폐지되기 까지 불과 10여 년 동안 네 명의 장관이 재임했던 단명한 조직이었다.[36] 그렇지만 이 기관의 신설을 계기로 정부는 기업 활동에 분석적이고 체계적으로 제도적인 개입을 시작했다고 하겠다.

통상노동성은 여러 산업을 대상으로 통상, 노동, 트러스트 등의 실태를 조사하고 분석하여 대통령에게 보고서로 제출했다. 예컨대 이 기관의 기업국Bureau of Corporations은 석유, 수력에너지, 담배, 철강, 목재 등과 같은 산업을 대상으로 독점 상태, 소유 지배 실태 등을 연구했다. 그리고 여기에서 작성한 보고서가 정부의 정책 추진이나 법 집행에 필요한 자료로 제공됐다.

미국 통상노동성(Department of Commerce and Labor)의 문양
10년(1903.2~1913.3) 정도 존속하며 4명의 장관이 재임했던 단명한 조직이었다. 그러나 이 기관의 신설을 계기로 정부는 민간기업 활동에 분석적이고 체계적으로 제도적인 개입을 시작했다. 이 기관은 없어진 것이 아니라 노동성(Department of Labor), 통상성Department of Commerce), 연방거래위원회(Federal Trade Commission)라는 조직으로 계승됐다. 출처 : Google 검색.

석유산업에 관한 보고서가 법무성에서 스탠다드석유 트러스트를 기소하여 1911년 이를 해체시키는데 활용되기도 했다.

통상노동성은 1913년 3월 4일 통상성Department of Commerce이라는 새 이름으로 발전적인 해체를 했다. 그리고 노동 분야의 조직은 노동성Department of Labor이라는 조직으로 계승됐다. 아울러 기업국의 직원과 업무는 1915년 뒤에서 자세히 설명하게 될 연방거래위원회Federal Trade Commission라는 조직으로 이관됐다.

이러한 기관의 설치를 통해 정부 개입을 위한 제도적 기반을 갖추게 됐다. 이러한 기반이 루스벨트 대통령 시대에 만들어지기 시작했다. 이런 대통령에게 '트러스트 분쇄자'라고 별명을 붙여준 것은 단순히 트러스트를 기소한 숫자가 많아서이기도 하지만 트러스트를 통제할 수 있는 제도적 장치를 마련했기 때문이라고 하겠다.

그러나 루스벨트 대통령은 트러스트를 궤멸시키려고 한 것은 아니었다.[37] 그는 트러스트를 해체하기보다 통제해야 한다는 입장이었다. 그래서 유에스스틸 같은 절대적인 독점기업일지라도 허용해야 한다고 보았다. 미

루스벨트 대통령은 모든 트러스트를 공격한 것이 아니었다.
그는 나쁜 트러스트(Bad Trusts)를 사냥했고 좋은 트러스트(Good Trusts)를 철저히 통제하기 위해 목줄을 감아뒀으며, 보통의 기업들(오른쪽에서 놀고 있는 새끼 곰들)을 자유롭게 활동하도록 했다.
그는 트러스트의 분쇄자였고 통제자였으며, 자유방임자이기도 했다. 그리고 정부개입의 제도화를 위해 1903년 통상노동성을 설치했다. 이 기관이 노동성, 통상성, FTC 등으로 발전했다.
출처 : Clifford Berryman의 1907년 정치 만화. (Google 검색).

국이 세계적인 경쟁력을 보유하려면 거대 독점기업이 존재해야 하지만, 이들을 적절히 통제하고 규제할 수 있어야 한다는 것이었다. 이러한 입장은 루스벨트 대통령 이후 제28대 우드로우 윌슨 대통령도 마찬가지였다.

'문어 사냥꾼' 루스벨트 대통령이 트러스트를 도끼로 공격하지 말라고 외치고 있다.
KNOX라는 벨트를 맨 나무꾼이 반(反)트러스트법이라는 도끼로 합병 결정(Merger Decision)
이라는 조각을 이미 잘라내고 트러스트라는 나무를 쓰러트리려 하고 있다. 나무꾼은 법무성
장관 녹스(Philander Chase Knox)이다.
루스벨트는 대통령 재임 중에 43건의 트러스트를 기소했지만, 트러스트를 해체하기보다 통제
해야 한다는 입장이었다. 미국이 세계적인 경쟁력을 보유하려면 독점일지라도 거대한 기업이
존재해야 한다는 것이었다.
출처 : 미국『PUCK』잡지의 만화, 25. May 1904. (출처 : 미국 의회도서관).

3장. 독점규제의 새로운 틀 정립

3.1. 형사·사법절차를 통한 독점규제의 한계

〈서먼법〉은 집행 과정에서 여러 문제점이 드러났다. 대표적인 것이 이미 살펴본 바와 같이 노동조합 활동에 〈서먼법〉을 적용한 것이었다. 이와 함께 〈서먼법〉을 통한 법집행에 보다 근본적인 문제가 내재하고 있었다. 그것은 형사절차 또는 사법절차를 통해 독점규제법을 집행하는데 따른 문제였다.

첫째, 법무성(검찰)이 법집행에 소극적인 것이 문제였다. 〈서먼법〉은 법무성 반트러스트국反트러스트局, Antitrust Division이 트러스트를 전담 조사하여 법원에 기소하는 방식으로 집행됐다. 그런데 전담기관이 소극적이라면 제대로 된 법집행이 이뤄질 수 없는 것은 당연했다.

만일 국민의 직접 선거로 선출된 대통령이 리더십을 발휘했다면 적극적인 법집행이 이뤄질 수도 있었다. 그렇지만 대통령이 독점규제 이외의 분야에 큰 관심을 두거나 여러 정치적인 이유로 법집행에 소극적이고, 전담기관마저 적극 나서지 않으면 법은 있으나마나하게 된다. 서먼법이 그랬다.

〈서먼법〉은 1890년 제정 이후 제23대 해리슨, 제24대 클리브랜드, 제25대 맥킨리 대통령에 이르기까지 3대 대통령이 재임했던 기간에 18건만을 기소했다. 그리고 정부는 초기 8건 기소 중에서 7건에서 패했다.[38] 트러스

〈셔먼법〉이 관에서 나와 트러스트를 공격하고 있다.
사문화됐던 〈셔먼법〉을 살려낸 것은 소위 '문어 사냥꾼(Octopus hunter)'이라는 루스벨트 대통령의 의지였다. 다른 대통령들은 그렇게 하지 않았다.
독점규제의 한계는 대통령의 의지에 따라 법집행이 죽고 사는 것이었다. 사법절차를 거치며 수년이 걸리는 것은 또 다른 문제였다. 새로운 대책을 마련하는 것이 필요했다.
출처 : Google 검색.

트가 산업 각 분야에서 판을 치고 있는데도 법집행의 칼날은 무뎠다. 그래서 초창기 〈셔먼법〉은 사실상 죽은 법이나 다름없었다.

둘째, 〈셔먼법〉을 사법절차를 통해 처리하는데 너무 오랜 기간이 걸리는 것도 문제였다. 트러스트의 폐해가 광범위하고 심각했지만 몇 년이 지나서야 위법이 인정되거나 아예 위법이 아니라는 판결이 나왔다. 대표적으로 미주리화물운송협회 사건의 경우 대법원에서 최종 위법 판결은 났지만 최초 기소부터 약 5년, 화물 운송협정의 시행일부터 계산하면 약 8년이라는 긴 시간이 걸렸다. 경제적 폐해에 대해 신속한 대응이 필요했지만 사법절차로는 그렇게 할 수 없었다.

셋째, 법원이 위법 판단에 소극적인 것도 문제였다. 법원은 법무성에서 기소해야만 비로소 위법여부를 판단하는 본질적인 한계가 있었다. 이에 더해 법원이 친 기업적인 태도를 보이는 경우 위법 인정은 더욱 어려웠다. 그리고 연방대법원에서 위법을 인정했던 사례에서도 이면에 깔려있는 논리구조의 문제점이 드러나기도 했다. 이와 관련하여 많이 지적되는 대표적인 판결이 스탠다드석유Standard Oil 사건이었다.

스탠다드석유회사는 1880년대에 미국 전역에서 원유 생산, 정유, 수송,

판매는 물론 주유소까지 수직적으로 통합하여 90% 이상의 시장점유율을 차지했다. 그래서 미국 정부가 1909년 이 회사를 〈셔먼법〉 위반으로 기소했고, 하급심에서 위법이 인정됐지만 그 회사가 항소하여 연방대법원에서 판결했던 사건이다.

대법원은 1911년 5월 15일 스탠다드석유회사의 독점행위에 대해 〈셔먼법〉 위반을 인정했고, 이 회사를 34개의 지역회사로 분할하여 서로 경쟁하도록 시정하는 판결을 내렸다.[39] 이 사건은 외형상 독점규제법 집행의 역사에서 이정표가 될 정도로 의미 있는 판결이었다.

그러나 판결 내용을 좀 더 살펴보면 심각한 문제가 내재돼 있었다. 이 판결에서 대법원은 부적절하게 거래를 제한하는 협정을 〈셔먼법〉 위반이라고 판단했다. 그러면서 협정은 3가지 부정적인 효과 즉, 독점의 결과로 가격은 더 오르고, 생산량은 줄어들며, 품질은 떨어지는 효과를 초래하는 경우에 위법이라고 판단했다.[40] 이 판단을 반대로 해석하면 보통의 일반적인 협정은 위법행위가 아니라는 결론에 이를 수 있다. 그리고 부정적인 효과를 초래하지 않는 보통의 협정을 금지하는 것은 계약 자유를 제한하는 것이 된다.

결과적으로 거래를 제한하는 협정은 당연히 위법이 되는 것이 아니라 합리적으로 판단해서 부정적인 효과를 초래하는 협정만 위법행위가 된다는 것이다. 즉, 대법원은 당연 위법per se illegal의 원칙이 아니라 합리의 원칙rule of reason에 따라 위법성을 판단했다. 그리고 대법원은 스탠다드석유가 독점회사가 되도록 만든 협정은 바로 독점의 폐해를 초래하는 협정이라고 판단했던 것이다.

이 판결에 대해 일부 학자들은 대법원이 합리의 원칙을 적용하는 것에 동의했지만, 다른 학자들은 당연 위법의 원칙을 적용해야 한다는 입장이었다. 그리고 미국 의회의 일부 의원들도 사법부의 판결 논리를 수용할 수 없

스탠다드석유 트러스트는 미국 석유시장 전반을 장악한 것은 물론 입법부, 행정부 등에 영향을 미쳤던 '괴물'이었다.
이 거대한 문어가 1911년 5월 11일 〈서먼법〉 위반 판결에 따라 34개 지역회사로 분할됐다.
출처 : 미국 『PUCK』 잡지의 만화. (Google 검색).

다는 입장이었다. 대표적으로 뉴랜즈Newlands[41] 상원의원의 경우 판결 바로 다음날 수정 입법의 필요성을 제안하기도 했다.

그러나 새로운 입법이 추진되기까지는 정치적으로 강력한 리더십의 등장이 필요했고 3년이 더 걸렸다. 〈서먼법〉 집행에서 문제로 지적된 법집행 방식이나 절차를 개선해야 한다는 분위기가 무르익었다. 마침내 우드로우 윌슨 대통령이 등장하여 새로운 개선방안을 모색했는데 이는 매우 획기적이었다.

3.2. 우드로우 윌슨 대통령의 고민

미국 독점규제법의 역사에서 가장 중요한 역할을 한 대통령은 제28대 우드로우 윌슨Woodraw Wilson[42]일 것이다. 그는 1912년 대통령 선거에서 민주당 후보로 출마했는데, 제27대 대통령으로 현직이었던 태프트 공화당 후보를 압도적으로 누르고 당선됐다. 당시 공화당 출신이었던 제26대 시어도어 루스벨트 대통령이 제3당 후보로 출마하여 사실상 공화당 후보가 태프트 와 루스벨트로 분열된 결과였다. 그리고 윌슨 대통령은 민주당이 하원에서 290 대 127, 상원에서 51 대 44로 다수당을 차지한 상황에서 1913년 3월 4 일 취임했다.[43]

윌슨은 대통령이 정당을 리드하면서 국가를 통치하는 방식을 고수했는 데 이것은 오랫동안 그가 동경했던 영국의 통치제도를 모방한 것이었다.[44] 그는 의회에서의 민주당 우위라는 정치적 배경을 바탕으로 강력한 리더십 을 발휘하며 선거전에서 공약으로 내세웠던 정책을 추진했다. 1913년 3월 취임과 동시에 1801년 제퍼슨 대통령 이래 중단됐던 양원합동연설을 재개 했다. 그는 의회 합동연설에서 관세 인하, 누진적인 연방 소득세 부과, 연방 준비제도 도입 등이 시급하다고 역설하며 이런 경제개혁 정책을 우선적으

미국의 28대 대통령 우드로우 윌슨(Thomas Woodrow Wilson).
1913년부터 1924년까지 8년간 재임했다. 대 통령 선거에서 공화당이 태프트와 시어도어 루스벨트로 분열되는 바람에 민주당 후보로 쉽게 당선돼 수많은 경제개혁 정책을 이끌 었다. 대표적으로 1914년 〈FTC법〉과 〈클레 이튼법〉을 제정하여 독점규제법 체계를 완 성했다. 출처 : Google 검색.

28대 우드로우 윌슨 대통령이 경제부흥을 위해 여러 경제개혁을 추진하는 모습. 그는 1913년 대통령에 취임하면서 가장 시급하다고 생각했던 관세법과 연방준비제도 도입 등을 추진했다. 이어서 1914년 〈FTC법〉과 〈클레이튼법〉 제정을 통해 독점규제법 체계를 완성했다. 윌슨이 이처럼 중요한 경제개혁을 신속히 추진할 수 있었던 것은 대통령 선거에서 공화당의 분열로 압승을 거뒀던 정치적 요인이 크게 작용했다. 출처 : 미국 만화가 Clifford Berryman의 26, June, 1914 작품. (Google 검색).

로 추진했다.

이어서 윌슨은 대통령으로 당선되기 이전부터 고민했던 트러스트 대책을 추진했다. 그런데 당시에는 기업이 성장하는 과정에서 규모를 키우거나 합병하는 것이 효율적이고 경쟁력이 있다고 보는 것이 다수의 입장이었다. 대표적으로 스탠다드석유회사의 록펠러는 "대기업의 성장은 적자생존의 결과이고 자연의 법칙을 구현하는 것"이라고 말했다. 심지어 '트러스트 분쇄자'라고 불렸던 시어도어 루스벨트 대통령조차도 거대 기업을 제대로 통제만 하면 문제가 없다고 생각했던 것이다.

반면에 기업이 트러스트와 같은 방법을 통해 거대화되면 여러 가지 집중의 문제를 초래하므로 이를 해체시켜 작은 기업들이 경쟁하는 구조로 만들어야 한다는 입장도 있었다. 나아가 트러스트 규제는 물론 기업의 규모를 일정 수준이하로 제한해야 한다는 주장까지도 나왔다. 대표적으로 '국민 판사'로 불렸던 브랜다이스Louis Brandeis 대법관이 이런 부류였다.

브랜다이스 판사는 1911년에 "지난 20년의 경험을 바탕으로 두 가지를 말할 수 있다. 첫째, 기업이 너무 커질 경우 가장 효율적인 생산과 유통 수단이 되기 어려울 수도 있으며, 둘째, 기업이 최고의 효율성을 달성할 수 있는 지점을 넘어섰는지 여부와 관계없이 자유에 대한 욕구를 가진 사람들이 인내하기 어려울 정도로 너무 비대해질 수도 있다"고 일갈한 바 있다.[45]

이처럼 서로 다른 입장 중에서 윌슨 대통령은 큰 기업은 좋은 것이지만 트러스트는 나쁘다는 중간적이거나 다소 애매모호한 입장을 취했다. 그리고 그는 기업이 크게 성장하는 것growth big은 문제가 아니지만 크게 만들어지는 것make big은 문제라고 비판했다. 그래서 기업을 크게 만들려고 합병하는 것은 통제하면서도 큰 기업을 해체하는 것은 반대했던 것이다.[46]

윌슨 대통령이 더욱 고민했던 것은 트러스트에 대처하기 위한 법집행 방식을 어떻게 개선하느냐 였다. 우선 윌슨은 트러스트 문제를 해결하는데 형사절차를 통해 사법부의 판단으로 처리하는 것이 부적절하다고 봤다. 그래서 새로운 절차를 통해 해결하려고 했는데, 이를 위해 특별한 심판관special tribunals이나 특별한 절차를 도입해야 한다고 생각했다. 그러나 법집

미국 최초 유대인 출신 대법관 브랜다이스(Louis Brandeis).
그는 트러스트 형성을 비판하며 경제 분권화(Economic Decentralization)의 원칙을 체계적으로 확립했다. 그는 1856년 켄터키주 루이빌에서 폴란드 이주민 기업가의 아들로 태어나 하버드 로스쿨을 수석으로 졸업하여 변호사 활동을 했고, 28대 윌슨 대통령에 의해 1916년 연방 대법관으로 지명됐다.
출처 : Google 검색.

행과 시정조치를 심판관들이 좌지우지하는 것에는 반대했다. 대신 국민의 이익을 위하고 국민의 의사에 신속하게 반응하는 위원회 조직으로 해결하려고 했다.[47]

윌슨 대통령은 1914년 1월 20일 의회 연설에서 독점 대기업의 폐해를 개선하고, 이를 위해 새로운 독점규제법 제정을 역설했다. 그리고 속전속결로 추진해 마침내 1914년 10월에 〈연방거래위원회법〉과 〈클레이튼법〉이 만들어졌다. 두 법은 윌슨 대통령의 강력한 정칙적 리더십으로 제정됐다고 해도 과언이 아니었다.

3.3. 〈연방거래위원회법〉의 제정 배경과 주요 쟁점

〈연방거래위원회법FTC법 ; Federal Trade Commission Act〉은 독점규제법을 형사·사법절차로 집행하는데 따른 문제점을 개선하기 위해 제정된 법이었다. FTC법이 제정된 배경은 다음과 같이 몇 가지로 정리할 수 있다.

첫째, 19세기 이후 20세기 초에 걸쳐 독점 트러스트들의 위법행위를 시정하라는 대중적 외침이 계속됐고, 1912년 미국 대통령 선거에서 중요한 정치 이슈가 됐다.[48] 20여 년 전 만들어진 〈서먼법〉을 대신할 새로운 법제정과 집행방식의 개선을 통해 독점 대기업의 횡포에 대응할 필요가 있었다.

둘째, 이미 설명한 것과 같이 사법절차를 통해 트러스트를 규제하는데 여러 가지 문제점이 드러났다. 당시 〈서먼법〉은 법무성에서 제소한 사건이 당사자 소송으로 진행되고, 법원은 독점기업에 대한 제재를 당연위법의 원칙이 아니라 합리의 원칙에 따라 판결하는 방법으로 집행됐다. 대표적으로 대법원은 1911년 스탠다드석유 사건에서 거래를 제한하는 모든 협정을 법위반으로 인정하지 않았다.[49] 이와 같은 법집행에 대해 새로운 입법으로 대응해야 한다는 움직임이 있었다.

셋째, 〈서먼법〉 규정의 적용범위가 추상적이거나 애매했고, 규정 자체가 미비하거나 법적용을 회피해도 적절히 대처하지 못했다. 에컨대, 통상을 제한하는 모든 협정을 위법으로 규정했지만 여러 주 사이interstate의 거래와 하나의 주 안에서intrastate의 거래에 관한 적용을 둘러싸고 해석의 차이가 있었다. 합병과 같은 방법으로 독점화하는 것을 〈서먼법〉으로 제한할 수 있는지에 대해서도 상반된 판례가 나왔다. 모건J. P. Morgan의 노던시큐리티즈와 같이 지주회사 방식을 통해 〈서먼법〉 적용을 회피하면서 거대 독점기업이 되기도 했다.

이러한 배경 속에 윌슨이 제28대 대통령으로 취임하면서 선거 공약에 따라 트러스트들의 폐해에 대한 개선을 추진했다. 윌슨 대통령은 양원 합동 메시지State of Union Message에서 지속적으로 반트러스트 대책을 촉구했는데, 취임 후 1년이 지난 1914년 1월 20일 의회에서 구체적인 독점규제 대책을 발표했다. 그는 형사 처벌의 위협을 받고 있는 경제계에 자문 또는 명확한

"I Like a Little Competition"—J. P. Morgan

"나는 약간의 경쟁을 좋아합니다"
미국의 저명한 법률가 운터마이어(Samuel Untermyer)가 거대한 트러스트를 구축한 J. P. 모건에게 "당신은 경쟁을 싫어합니까?"라고 물었다. 모건이 "나는 약간의 경쟁을 좋아합니다.(I like a little competition.)"라고 대답했다.
독점이라는 상표의 거대한 위스키 병에 담긴 술을 대형 글라스에 가득 따라 마시는 모건의 흡족한 모습이다. 그 옆에 놓여 있는 경쟁이라는 상표의 조그마한 소다수 병과 작은 잔이 애처롭다. 세계적인 독점가의 속내를 잘 그려냈다.
출처 : 미국 만화가 Art Young(1866~1943) 작품으로 1913. 2. 1. 발간된 『The Masses』게재. (Google 검색).

지침이나 정보를 제공할 수 있는 행정기구를 설치하자고 역설했다.[50]

구체적으로 윌슨 대통령은 독점 기업의 횡포에 대해 통상적인 법무성의 기소가 아니라 별도의 행정기구를 설치하여 대응할 것과 기존의 〈셔먼법〉으로는 규제할 수 없는 사항을 새로이 규제할 수 있도록 하는 방안을 의회에 요구했다. 그리고 하원 법사위원장이던 헨리 클레이튼Henry Clayton에게 독점규제법 초안을 만들어달라고 요청했다. 그래서 입법은 두 갈래로 진행되어 상무위원회가 〈연방거래위원회법안〉 제정을 논의했고, 법사위원회에서는 〈클레이튼법안〉의 제정을 논의했다.[51]

미국 의회는 1914년 1월부터 휴회도 없이 새로운 독점규제법 제정을 논의했다.[52] 〈FTC법〉 제정과정에서 주요 쟁점은 대략 두 가지로 정리할 수 있는데, 하나는 행정기구를 통한 법집행기구의 설치였고, 다른 하나는 불공정한 경쟁을 금지하는 규정의 내용이었다.

첫째 쟁점에 대해서는 법무성의 법집행으로 달성할 수 없었던 새로운 기준으로 법을 집행할 수 있는 행정기구를 설치하자는데 의견이 모아졌다. 물론 이러한 행정기구 설치에 대해 반대의 목소리도 있었는데 대표적으로 당시 법무성장관이던 맥레이놀즈James Clark McReynolds는 적대감을 표출하며 논의를 늦추어달라고 요구했고, 그가 행정기구의 위헌성을 의심한다는 기사가 언론에 보도되기도 했다.[53] 그렇지만 새로운 법집행기구 설치는 의회의 찬성으로 계속 추진됐다. 그래서 마침내 루스벨트 대통령 시절이던 1903년 2월 14일 설치됐던 기업국Bureau of Corporations의 역할을 확장한 FTC가 위원회 형식의 조직으로 창설됐다.

둘째 쟁점은 〈셔먼법〉으로 막지 못했던 대기업의 남용행위를 방지하는 문제였다. 이것은 추상적인 개념의 불공정한 경쟁방법Unfair Methods of Competition을 규정하는 문제였는데, 이에 대해서는 찬반이 크게 갈렸다. 일

미국 법무성장관 시절의 맥레이놀즈(James Clark McReynolds).
그는 시어도어 루스벨트 대통령의 지명으로 1903년 법무성 차관보(Assistant Attorney General)가 되어 담배 트러스트, 철도 합병 등의 독점규제 사건을 처리했다. 윌슨 대통령에 의해 1913년 3월 48대 법무성장관(Attorney General)으로 지명됐고, 이어서 1914년 8월 러튼(Lurton) 판사의 사망으로 공석이 된 대법원 판사로 지명되어 1941년까지 재직했다. 그는 법무성장관 시절에 FTC 설치에 반대했고 대법원 판사 시절에 FTC 결정에 반대하는 의견을 많이 냈다. 1920년부터 1926년 기간에 8개 FTC 관련사건에서 FTC 입장을 반대했다.
그는 트러스트 사건을 처리했지만 경제정책에서 자유방임을 지지하여 윌슨 대통령과 호흡이 맞지 않았다. 특히, 뉴딜정책에 반대의견을 계속 낸 것으로 잘 알려졌는데 약 26년간 대법원 판사 재임 중 157건 반대의견 가운데 93건이 뉴딜정책 반대였다.
출처 : Google 검색.

부는 법집행에 광범위한 재량이 있는 것을 비판하며 반대했다. 반면 다른 일부는 새로운 집행기구를 통해 탄력적인 법집행이 불가피하다며 찬성했다. 결국 의회는 〈FTC법〉 제5조에서 불공정한 행위의 유형을 구체적으로 규정하기보다는 산업계를 지속적으로 감시하며 전문성을 확보하고 있는 FTC가 경제상황에 맞게 불공정한 행위를 지정하여 규제하도록 준입법의 권한을 부여하는 것으로 마무리했다.[54]

윌슨 대통령은 새로운 독점규제법의 신속한 제정을 원했다. 이에 따라 〈FTC법안〉은 하원에서 논의를 거쳐 1914년 6월 5일 통과했고, 상원에서 같은 해 8월 5일 통과됐다. 이어서 합동회의를 통과하여 1914년 9월 26일 제정됐다.[55] 윌슨 대통령이 법제정을 재촉하며 리드했고 민주당 의원들이 상·하원에서 적극 뒷받침한 결과였다.

3.4. 〈연방거래위원회법〉의 주요 내용

〈연방거래위원회(FTC법)〉이 독점규제법을 집행하기 위한 새로운 행정 기구를 설치하려는 법률이라는 점은 법 조항에 그대로 나타났다. 〈FTC법〉은 최초 3개 조항에서 행정조직과 운영의 세부 내용에 대해 자세히 규정했다. 일반적인 성문법의 경우 법의 목적, 용어 정의, 주요 실체적 규정을 정하고 있는데 비해 〈FTC법〉은 특이했다.

구체적으로 제1조에서는 FTC라는 조직의 설립, 위원 구성, 임기 등을 규정했다. FTC는 5명의 위원으로 구성되는데 3명 이하를 동일 정당 소속으로 임명하고, 위원은 상원의 동의를 얻어 대통령이 임명하고 위원장도 대통령이 임명한다. 위원이 일시에 임명되거나 교체되는 것을 방지하기 위해 최초 임기는 1914년 9월 26일부터 각각 3년, 4년, 5년, 6년, 7년으로 규정하고, 이후 위원들의 임기는 7년으로 규정한다.

위원이 결원으로 선임되는 경우에는 전임자의 잔여 임기를 수행한다. 위원은 독립적으로 직무활동을 수행하고, 무능력, 직무 불이행, 부정행위를 이유로만 한정하여 해임할 수 있도록 규정한다. 그리고 제2조에서는 위원의 보수, 직원과 이들의 보수, 직원의 직무 수행과 이에 필요한 비용 지급, 사무실 등에 관해 규정한다. 제3조에서는 위원회의 주된 사무소와 기타 사무 장소에 관해 규정한다.

한편 〈FTC법〉에서 규정하는 독점규제법의 실체적 내용은 제5조에 규정되어 있는데, 바로 불공정한 경쟁방법에 관한 규정이다. 이 조항은 거래 또는 거래에 영향을 미치는 불공정한 경쟁방법 또는 불공정하거나 기만적인 행위 또는 관행은 위법이라고 규정했다. 이 조항에서 불공정한 경쟁방법은 그 내용과 범위가 불분명하다는 이유로 법 제정 당시부터 많은 논란이 됐다. 그러나 이 조항이 생긴 이후 법해석과 판례를 통해 구체화되면서 논란

미국 워싱턴에 있는 연방거래위원회(FTC) 건물 전경. 1914년 28대 윌슨 대통령이 FTC 설치를 주요 목적으로 하는 〈FTC법〉을 제정하여 출범했다.
〈FTC법〉의 조문은 제1조가 FTC의 설립, 위원 구성, 임기 등이고, 제2조는 위원과 직원 보수, 직원의 직무 수행과 비용 지급 등이며, 제3조가 주된 사무소와 기타 사무장소에 대해 규정한다. 그리고 독점규제법의 실체적 내용은 제5조 이후부터 규정하는데 그야말로 조직 설치에 관한 법이다. 출처 : www.ftc.gov.

미국 연방거래위원회(FTC)의 기관 문양. FTC는 〈FTC법〉은 물론 〈클레이튼법〉을 비롯하여 최소 7개의 다른 독점규제 관련법을 행정절차를 통해 집행하는 기관이다.
1914년 FTC를 창설했던 윌슨 대통령은 1916년 9월 2일 민주당 대통령후보 수락연설에서 "FTC의 역할을 설명하기는 어렵다. 그러나 이 기관이 정부를 사업 활동의 적대자에서 친구로 바꿨다고 말할 수 있다"라고 역설했다. 출처 : www.ftc.gov.

이 종식되어 〈FTC법〉의 가장 핵심적인 실체 규정으로 자리를 잡았다.

FTC는 1914년 제정된 〈FTC법〉에 근거하여 설립된 독립 행정기관이다. FTC는 불공정하고 기만적인 행위를 규제하는 〈FTC법〉 자체의 규정을 집행하고, 이후 제정된 〈클레이튼법〉을 비롯하여 최소 7개의 다른 독점규제 관련법을 집행하며 의회가 때때로 부여하는 임무를 추가적으로 수행한다.

결과적으로 FTC는 소비자를 보호하고 중소사업자의 사업 활동을 보호하는 기능을 수행한다. 모든 사업자들은 여러 가지 사업관행에 관해 FTC가 제시한 가이드라인을 준수해야 한다. FTC는 형사·사법기관과 같이 위반자에게 형벌이나 벌금과 같은 형사적 제재를 하지 않고 위반행위에 대해 중지명령을 내리며, 이를 불이행하는 경우 연방법원에 제소하거나 위반사업자에게 배상을 청구할 수 있다.[56]

3.5. '노동자들의 마그나카르타' 〈클레이튼법〉의 제정

〈클레이튼법〉은 우드로우 윌슨대통령 시절에 법사위원장이던 헨리 클레이튼Henry Clayton의 주도로 제정됐다. 법제정 과정에서 〈서면법〉에서 규정하지 않았던 가격차별, 끼워 팔기 등의 불공정행위나 주식 취득, 임원 겸임 등의 기업결합에 관한 실체규정의 내용을 집중 논의했다. 또한 위반기업에 형사제재와 민사집행까지 가능하도록 할 것이냐에 대해서도 논쟁이 있었다.

제정과정에서 주요 쟁점은 법안의 실체적 내용이 명확하지 않다는 비판과 함께 기업은 물론 개인 임직원에 대해서도 형사적인 처벌을 할 경우 기업이나 기업가가 느낄 두려움이라는 문제였다. 아울러 노동조합에 대해 독점규제법 적용을 제외하자는 문제도 큰 쟁점의 하나였다.

이 법안은 상원과 하원에서 마련한 법안에 대해 조정과 타협을 거쳐 통합법안이 마련됐다. 가격차별 규정, 노동조합 적용제외 조항의 유지, 지주회사 규정 등이 유지됐다. 그리고 형사적인 집행을 행정적인 집행으로 교체했고, 법무성의 민사집행 권한을 유지했다. 이 통합 법안이 상원과 하원을 통과하여 1914년 10월 17일 성립됐다. 이로써 미국의 초기 독점규제법 체계는 〈클레이튼법〉 제정으로 사실상 완성됐다. 이 법은 트러스트의 폐해를 〈셔먼법〉으로 충분히 해결할 수 없었기 때문에 이를 보완한 것이었다.

〈클레이튼법〉은 총 24개 조항으로 제정됐다. 최초 법에서는 가격차별이나 배타조건부 거래 또는 끼워 팔기 등과 같이 〈셔먼법〉으로 규제할 수 없었던 불공정행위를 규정하기도 했다. 그런데 이러한 행위는 〈FTC법〉에서도 경합적으로 규정했거나, 나중에 제정된 다른 법률에서도 별도 조항으로 규정했으므로 오늘날 〈클레이튼법〉의 주요 내용이라고 보기는 어렵다.

이를 제외하면 〈클레이튼법〉의 핵심내용은 2가지였다. 첫째, 기존 〈셔먼법〉 적용을 회피하면서 트러스트와 유사한 효과를 내는 형태의 기업 활동을 규제한 것이었다. 대표적으로 주식 취득이나 임원 겸임 등과 같은 유형으로 기업을 사실상 결합하는 것을 제한했다. 둘째, 노동조합 활동에 대해 〈셔먼법〉을 적용할 수 없도록 별도의 규정을 마련했다.

미국 노동총동맹(AFL)의 종신 위원장이었던 새뮤얼 곰퍼스(Samuel Gompers).
그는 1914년 제정된 〈클레이튼법〉을 '노동자들의 대헌장(Magna Carta for Workers)'이라고
했다. 당시 노동조합 활동에 독점금지법을 적용하고 있었는데, 〈클레이튼법〉 제6조에서 명시
적으로 적용하지 못하도록 규정했기 때문이었다. 출처 : Google 검색.

〈클레이튼법〉이 노동조합의 활동에 대해 독점금지법의 적용제외를 규정
한 것은 획기적이었다. 당시 노동조합은 〈서먼법〉 위반으로 기소되는 것은
물론 발생한 손해액의 3배를 배상하도록 요구하는 소송에 시달리곤 했다.
노조활동에 대한 독점금지법의 적용을 제외한다는 내용을 제6조에서 명문
으로 규정했다. 그래서 미국 노동총동맹AFL; American Federation of Labor의 종신
위원장이었던 새뮤얼 곰퍼스Samuel Gompers[57]는 〈클레이튼법〉을 '노동자들의
대헌장[58]The Magna Carta for Workers'이라고 그 의미를 부여하기도 했다.[59]

3.6. 독점규제제도의 완성

〈FTC법〉과 〈클레이튼법〉의 제정은 외관상 세계 최초의 독점규제법이었
던 〈서먼법〉을 보완한 것이었고, 독점규제 역사의 시행착오를 해결하려는

〈클레이튼법〉 제6조 ; 노동단체에 대한 독점금지법 적용제외

인간의 노동은 상품 또는 통상의 품목이 아니다. 독점금지법상의 어떤 규정도 상호조력의 목적을 위하여 설립되어 주식자본을 소유하지 아니하거나 또는 비영리 목적으로 활동하는 노동단체, 농업단체, 원예단체의 존재 및 운영을 금지하는 것으로 해석되지 아니하며 그 단체의 개인회원의 합법적 목적을 수행하기 위한 활동을 금지하거나 제한하는 것으로 해석되지 아니한다. 또한, 노동단체, 농업단체, 원예단체 또는 그 단체의 회원이 독점금지법 규정에 의한 불법적 결합 또는 거래를 제한하는 공모를 하는 것으로 해석되지도 아니한다.

§6 ; Antitrust laws not applicable to labor organizations

The labor of a human being is not a commodity or article of commerce. Nothing contained in the antitrust laws shall be construed to forbid the existence and operation of labor, agricultural, or horticultural organizations, instituted for the purposes of mutual help, and not having capital stock or conducted for profit, or to forbid or restrain individual members of such organizations from lawfully carrying out the legitimate objects thereof; nor shall such organizations, or the members thereof, be held or construed to be illegal combinations or conspiracies in restraint of trade, under the antitrust laws.

노력이었다. 그런데 이들 두 법의 제정은 독점규제제도의 확립과 전파 또는 확산이라는 관점에서 보면 매우 특별한 몇 가지 의의가 있다.

첫째, 미국 독점규제법 체계가 사실상 완전한 형태를 비로소 갖추게 됐다. 세계 최초의 독점규제법이라는 〈셔먼법〉은 주요 내용, 형식, 집행절차 등이 불완전하거나 결여된 법이었다. 대표적으로 트러스트들이 기업합병을 통해 독점적인 형태로 확장되는 것을 전혀 막지 못했다.

그래서 〈셔먼법〉을 보완하여 위법행위 유형을 추가하고 구체화하는 것은 물론 법집행 기구와 절차를 마련하는 2개 법률이 추가로 제정됐다. 이에 따라 미국의 독점규제법 체계는 〈셔먼법〉, 〈FTC법〉, 〈클레이튼법〉이라는 3개 법을 통해 오늘날과 같은 틀을 갖춘 제도로 완성됐다.

둘째, 독점규제법 집행을 전담하는 별도의 행정기구를 독립규제위원회 형태로 설치할 수 있는 근거를 마련했다. 〈셔먼법〉의 경우 법집행이 법무성(검찰)과 법원에 의해 이루어졌다. 이 경우 불명확한 법 규정에 근거하여 경제 문제에 전문성이 부족한 상태에서 법집행이 이루어지는 바람에 소극적이고 장기간이 소요된다는 문제점이 있었다.

이를 개선하기 위해 기업 활동에 대한 명확한 가이드라인을 제시하며 경제 분야에 전문성을 갖춘 조직에서 적극적이고 신속하게 법 집행을 도모했다. 이를 위해 새로 설치된 조직이 연방거래위원회였고, 법집행에서 나타난 시행착오를 획기적으로 개선한 것이었다.

셋째, 독점규제제도의 역사에서 법집행의 흐름을 형사·사법절차가 아닌 행정절차로 이뤄지도록 만드는 전환점turning point이 됐다. 독점규제법의 집행방법을 고민했던 미국 대통령과 입법자들은 경제 분야의 법집행에서 형사·사법절차가 아니라 행정절차를 선택하는 것이 효과적이라는 사실을 이미 100년 이상 전에 간파했던 것이다.

형사·사법절차에 의하는 경우 법무성(검찰)은 위법행위를 적발하여 소송을 제기한다. 그리고 법원은 소송이 제기되어야 그 사건의 위법 여부를 판단하는데, 법원에서는 당사자 소송으로 진행되어 원고와 피고가 서로 상반된 입장에서 다툼을 벌이게 된다. 이런 다툼으로 최종 판결이 이루어지면 승자와 패자가 생기게 된다. 이렇게 되면 결과적으로 정부와 기업, 기업 상호간에 불신과 적대감이 생기게 마련이다.

그런데 행정절차로 법집행이 이루어지면 적극적이고 신속하게 진행할 수 있다. 그리고 FTC와 같은 독립규제위원회가 규칙 제정rule-making을 통해 사전에 기업 활동을 위한 기준을 제시하면 기업으로 하여금 위법행위에 이르지 않고 안정적인 경영활동에 전념할 수 있도록 도와줄 수 있다.[60]

그래서 FTC를 창설했던 우드로우 윌슨은 "FTC의 역할을 설명하기는 어렵다. 그러나 이 기관이 정부를 사업 활동의 적대자에서 친구로 바꿨다고 말할 수 있다"라고 연설했던 것이다.[61] 또한 윌슨은 FTC는 도움이 되는 사람들인 반면 법무성은 소송을 일삼는 법률가들로 비유하기도 했다.[62] 정부가 기업 활동에 개입하는 경우 형사·사법절차보다 행정절차가 바람직하고 적절하다는 것이다.

넷째, 미국의 독점규제법은 제2차 세계대전 후 일본이나 독일로 먼저 전파됐다. 패전국이었던 일본과 독일이 미국에서 정립된 제도를 받아들이는 입장이었다. 다른 나라들도 점차 독점규제법을 제정했는데 대다수 국가들이 미국식 제도를 기본 모델로 했다. 특히, 미국의 법체계 중에서도 〈FTC법〉에서 규정한 내용, 집행기구, 집행절차 등을 모델로 하는 경우가 많았다.

오늘날 세계 각국은 예외 없이 미국의 독점규제 3법에서 규정하고 있는 핵심 내용을 적절히 조합한 독점규제제도를 도입하고 있다. 집행기구 역시 미국처럼 기존의 형사·사법절차를 담당하는 기구와 독립규제위원회를 이중으로 설치하는 것이 아니라 하나로 통합한 집행기구를 설치하고 있다. 위반행위에 대한 조사나 제재에 있어서도 형사절차나 형사벌칙 보다는 행정조직에 의한 조사절차나 제재에 중점을 두고 있다.

FTC 창설 100주년 기념식 장면. FTC는 민주당 출신인 제28대 윌슨 대통령이 1914년 창설했고, 2015년 1월 12일 100주년 기념식에 민주당 출신인 제44대 오바마(Barack Obama) 대통령이 FTC를 직접 방문했다. 대통령이 FTC를 방문한 것은 1937년 이후 처음이었는데 당시 FTC 위원장은 민주당 출신의 라미레즈(Edith Ramirez)였다.
(사진 위 왼쪽부터 시계방향) 기념식 장면, 100주년 기념 연설하는 오바마 대통령, FTC 직원들과 대화하는 오바마 대통령, 라미레즈 위원장과 포옹하며 인사하는 오바마 대통령.
출처 : www.ftc.gov.

4장. 독점규제법의 집행 역사와 특징

4.1. 독점규제법의 주요 내용과 집행기관 및 절차

미국은 3개 법으로 독점규제제도의 틀을 완성했다. 이들 3개 법에서 규정하는 위반행위는 다음과 같다. 즉, 〈셔먼법〉 제1조에서 수평적 또는 수직적인 거래제한 행위를 금지하는데, 수평적 거래제한을 흔히 카르텔 혹은 담합이라고 한다. 또한 제2조에서는 독점력 남용이나 독점을 기도하는 행위를 제한하고 있다. 그리고 〈FTC법〉 제5조에서 다양한 형태의 불공정거래 행위, 〈클레이튼법〉 제7조에서 경쟁을 제한하는 기업 인수, 합병, 임원 겸임과 같은 기업결합행위를 규제하고 있다.

그런데 이러한 위반행위 유형은 미국에서조차도 상당 기간에 걸쳐 규정상으로나 이론상으로 그 개념이나 범위 등이 분명하지 않은 경우가 많았다. 그렇지만 법집행이 계속되면서 새로운 법제정, 판례 축적, 집행지침 제정 등이 이뤄졌고 구체적인 내용이 정립됐다. 그래서 오늘날 독점규제법에서 규정하고 있는 대표적인 유형으로 발전했다. 또한 대부분 국가들이 독점규제법을 제정하는 경우 미국을 모델로 하면서 이러한 규정을 포함했고, 각 국가들의 법·제도나 집행 경험이 수렴되면서 오늘날과 같은 독점규제법 체계가 정립됐다.

미국 독점규제법의 주요 내용과 집행기관

위반 유형		적용 법조항	집행기관
거래제한	수평적(카르텔)	〈서먼법〉제1조, 〈FTC법〉제5조	FTC, 법무성
	수직적		
독점력 남용·독점 기도 등		〈서먼법〉제2조, 〈FTC법〉제5조	FTC, 법무성
기업 결합		〈클레이튼법〉제7조	FTC, 법무성
불공정거래행위		〈FTC법〉제5조	FTC

독점규제법은 정부기관에 의한 공적 집행과 법위반행위로 피해를 본 개인이 직접 법원에 금지 청구나 손해배상소송을 제기하는 사적 집행으로 이루어지고 있다. 공적 집행은 FTC와 법무성(반트러스트국)이라는 두 기관에서 담당한다. FTC는 〈FTC법〉과 〈클레이튼법〉을 주로 집행하고 아울러 소비자 관련법도 집행하며, 법무성은 〈서먼법〉과 〈클레이튼법〉을 주로 집행한다.

FTC는 독점규제법 위반행위에 대해 행위 금지명령 즉, 배제조치와 같은 시정조치를 명하고, 상대방이 이에 동의하면 동의명령consent order에 의해 시정조치 한다. 만약 상대방이 이에 동의하지 않으면 정식 심판절차를 거쳐 시정조치를 명한다. 그리고 상대방이 다시 이에 불복하면 연방항소재판소에 시정조치 명령에 대한 취소 소송을 제기할 수 있다. 즉, FTC는 형사 제재를 하거나 이를 청구하는 소송을 제기하는 것이 아니라 행정 절차나 제재로 사건을 마무리한다.

법무성의 사건처리는 민사절차와 형사절차로 구분할 수 있다. 먼저 민사절차는 독점규제법 위반행위에 대해 협정 파기, 주식 처분, 원상회복 등과 같은 행위 금지를 요구하는 소송을 제기하는 절차이다. 민사절차는 동의판결 또는 정식판결로 확정된다. 동의판결consent decree의 경우 법무성과 피고 간에 합의한 내용대로 따르는 형태이다. 위법성을 추정하는 효력이 있는 것은 아니지만 구속력이 있는 재판 이외의 화해와 같은 유형인데, 법원의 승인으로 판결이 확정된다.

법무성의 형사절차는 가격 협정이나 입찰 담합처럼 당연 위법에 해당하는 중대한 위반행위에 대해 형사소송을 제기한다. 형사제재로는 개인에게 금고형이나 벌금이 부과될 수 있고, 법인에게는 벌금이 부과될 수 있다.

미국의 독점규제법은 사적 소송을 통해서도 집행된다. 법위반으로 피해를 당한 개인이 위반행위 금지를 청구하는 소송을 낼 수 있다. 또 손해를 입은 경우에는 손해액의 3배는 물론 적정한 변호사 비용을 포함한 소송비용을 청구하는 소송을 법원에 제기할 수도 있다. 그리고 미국에서는 독점규제법이 공적 집행 보다 사적 집행으로 훨씬 활발하게 집행되는데 대략 1 : 10 정도의 비율이다. 이러한 특징에 대해서는 다음에 상세히 설명한다.

4.2. 독점규제법의 추가 제정

미국 독점규제법은 3개 법을 기본으로 하면서 불분명한 규정의 보완, 누락된 내용의 보충, 새로운 수요에 따른 수정을 계속하며 제도의 틀을 완성하고 발전했다. 이 과정에서 추가로 제정된 몇 개의 중요한 독점규제법이 있다.

첫째, 1936년 제정된 〈로빈슨-패트만법Robinson-Patman Act〉이다. 이 법은 〈클레이튼법〉 제2조의 가격차별 조항을 전면 개정한 것이다. 당시 막강한 구매력을 가진 대형 판매점은 상대적으로 낮은 가격에 대량 구매가 가능했지만, 중소업체들은 높은 가격에 구매할 수밖에 없어 어려움이 가중됐다. 이러한 경쟁조건의 불균형을 해소하며 중소사업자를 보호하기 위해 가격차별을 금지하는 법을 제정했다.

그런데 〈로빈슨-패트만법〉은 제정 초기부터 여러 경제학자나 법학자로

부터 그 자체가 경쟁에 반한다는 비판을 받았다. 특히 가격 경쟁을 촉진하기는커녕 위법으로 처벌할 가능성이 크고, 더 낮은 가격으로 구매하면 이익이 되는 소비자의 효용을 고려하지 않았다고 비판했다. 아울러 현실 경제에 다양한 가격 차이가 존재하는 관계로 소송의 남발도 우려됐다.

이 법은 이러한 비판을 견디며 유지됐지만 2007년 미국 경쟁법현대화위원회AMC; Antitrust Modernization Commission는 실증적인 연구에 의해도 가격차별 금지는 중소사업자 보호에 별다른 기여를 하지 못하고, 경쟁 촉진에도 기여하지 못한다는 이유로 이 법의 폐지를 권고하기도 했다. 그리고 FTC는 법 집행을 거의 하지 않고 있었다. 그렇지만 민간인 사이의 소송에서는 위반 소송이 상당한 수를 차지한다.[63]

둘째, 기업 인수나 합병과 관련된 〈클레이튼법〉 제7조의 내용을 보완하는 법이 만들어졌다. 1950년 제정된 〈셀러-케파우버법Celler-Kefauver Act〉은 〈셔먼법〉이나 〈클레이튼법〉이 기업의 수평결합에 대해 규제하던 것에서 더 나아가 수직결합은 물론 수평적 혹은 수직적인 혼합결합을 규제하는 내용으로 보강했다. 이를 위해 주식 인수 뿐만 아니라 자산 인수도 규제할 수 있도록 개선했다. 그래서 이 법은 경쟁을 제한하는 합병을 규제하는 가장 강력한 독점규제법의 하나라고 알려져 있다.

셋째, 〈하트-스코트-로디노법HSR; Hart-Scott-Rodino Act〉은 〈클레이튼법〉 제7조를 보완한 법이다. 1976년에 제정된 이법은 독점규제기관에게 기업 인수나 합병의 사전심사권을 부여했다. 독점규제법상 문제가 있는 합병을 미연에 방지하기 위해 사전에 심사할 수 있도록 한 것이다. 〈HSR법〉이 제정되기 전에는 합병이 이루어진 이후에 위법이라고 판단되는 경우 독점규제기관이 법원에 소송을 제기하여 원상회복 판결을 얻어 집행했다. 그러나 일단 합병이 이루어진 이후에 원상회복을 하는 것이 용이하지 않아 새로운 입법이 필요했던 것이다.

이와 같은 여러 가지 입법의 보완과 함께 오랜 기간에 걸쳐 법집행이 이뤄졌다. 이러한 법집행의 역사에서 다음과 같은 몇 가지 독특하고 두드러진 특징이 나타났다.

4.3. 이원화된 집행기관의 존재

미국의 독점규제법 집행 역사에서 가장 두드러진 특징은 누구라도 법집행을 법무성(검찰)과 연방거래위원회FTC라는 2개 기관이 담당하는 것이라고 할 것이다. 복수의 집행기관이 서로 중복되는 업무의 관할권을 행사하는 것이다. 이에 대해 FTC는 법무성이 하지 않는 소비자 보호기능의 업무를 수행하고, 법무성은 〈셔먼법〉의 모든 형사 집행을 담당하지만 FTC는 형사 집행을 하지 않으므로 2개 기관의 업무가 중복되지 않는다는 견해도 있다.

그러나 〈셔먼법〉에 규정된 카르텔이나 기업결합 심사업무를 2개 기관이 중복적으로 수행한다는 사실을 부인할 수 없다. 특히, 기업결합의 경우 〈HSR법〉에 따라 법무성과 FTC 중에서 한 개의 기관에 사전신고를 해야 하는데 2개 기관 어디라도 관할권을 가질 수 있다.

이러한 기관 간 업무 중복이 조직 운영의 측면에서 볼 때 신뢰성과 안전성을 높여주는 순기능이 있다는 입장도 있다. 이를 행정학에서는 가외성 redundancy이라는 개념으로 설명한다. 권력 분립, 견제와 균형, 연방제, 상하 양원제, 대통령의 거부권제도, 재판의 3심제도, 합의제 기관 운영, 위원회 제도 등이 모두 가외성 현상의 반영이라고 한다. 그리고 가외적인 조직을 두는 것은 자동차에서 이중 브레이크를 설치하면 안전성이 높아지는 것처럼 행정조직에서도 오류 발생을 최소화해야 할 경우에는 가외적인 조직을 둘 수도 있다고 설명한다.[64]

미국 워싱턴에 있는 법무성(DOJ; Department of Justice) 건물 전경.
법무성은 1870년 설치됐고, 독점규제업무는 1903년부터 담당 직책이 맡았고, 1919년 반트러
스트국(Antitrust Division)이라는 DOJ 내부의 전담조직에서 담당했다.
반트러스트법 집행을 위해 법무성과 FTC라는 두 기관으로 이중 집행시스템을 설치한 것은 시
행착오의 하나였다고 평가된다. 출처 : www.justice.gov.

그런데 독점규제법 집행기구의 경우 관할권 혼선, 비용 중복, 일관성 없는 업무처리, 기관 간 이견 노출 등의 문제를 초래할 수 있다.[65] 〈HSR법〉 집행은 관할권 혼선의 대표적인 사례일 것이다. 밀접한 관계가 있는 다른 두 사건을 2개 기관이 조사한다면 이를 한 기관이 담당하는 경우에 비해 중복 비용이라는 비효율을 초래할 수 있다. 관할 기관이 중복인 경우 기관에 따라 서로 다른 업무 처리나 동일한 사안에 대해 다른 의견을 낼 가능성은 언제든지 있는 것이다.

그리고 이원화된 집행기관의 설치가 서로 견제와 균형의 역할을 제대로 하거나, 상호 보완적인 역할을 충분히 한다면 가외적인 조직으로서 집행기관을 이중으로 운영하는 효과를 거둘 수는 있을 것이다. 하지만 그동안 미국 독점규제법의 집행 경험에서 볼 때 현실은 그렇지 못했던 것으로 나타났다.

미국의 법집행 역사를 오랫동안 실증적으로 연구했던 미시건대학교 로스쿨의 크레인Daniel A. Crane 교수에 따르면 법무성과 FTC 양 기관은 '쌍둥이 사냥hunt in pairs'을 했다는 것이다. 즉, 한 기관이 적극적인 집행을 하는 시기에는 다른 기관도 적극적이었고, 소극적인 집행을 하는 시기에는 다른 기관 역시 소극적이었다는 것이다.[66]

그래서 크레인 교수는 "이중 집행시스템은 이론적으로 매력적이지 않고 현실적으로 완전하지도 않다. 그리고 그런 시스템은 다른 나라에 추천할 만한 시스템이 아니다"라고 한다. 그럼에도 불구하고 이와 같은 이중의 법집행기관이 유지되는 것은 현재의 시스템에 대해 전면적인 수정을 정당화할 정도로 심각한 문제가 있는 것은 아니기 때문이라고 설명한다.[67] 쉽게 이해하기 어려운 설명이지만 오랜 기간 유지된 두 기관을 하나로 통폐합하거나 한 기관을 폐지하는 것이 초래할 수 있는 여러 가지 문제나 비용 등을 생각하면 충분히 현실적이고 실용적인 설명은 될 수 있겠다.

4.4. 사적 집행의 발달

미국의 독점규제법 집행에서 또 다른 중요한 특징은 개인이나 기업이 소송을 제기하는 방식의 사적 집행이 발달했다는 것이다. 미국은 경제운영의 기본원리로 자유로운 기업 활동의 보장을 채택했다. 그러다보니 독점규제법 집행에서도 정부주도가 아니라 피해를 당했다고 주장하는 개인이나 기업이 소송을 제기하고, 이 과정에서 위법행위의 시정이나 피해에 대한 배상이 이루어졌다.

특히 미국은 독점규제법을 처음 제정할 당시부터 사적 집행의 문을 크게 넓혔다고 하겠다. 전통적으로 영미 국가에서 독점이란 국왕 혹은 정부로부터 배타적으로 부여받은 특권exclusively granted privileges으로 이해됐다. 그런데 〈셔먼법〉을 비롯한 독점규제법을 제정했던 입법자들은 독점의 개념을 더욱 넓게 이해했다.

즉, 독점은 국가로부터 부여받은 특권이든지 아니면 개인이나 기업이 산업 권력을 형성한 것이든지 구별하지 않고 시장지배력을 행사하는 것으로 이해했다. 그러다보니 이러한 산업 독점에 의해 피해를 당한 개인이 소송을 통해 배상을 받을 수 있는 권리를 법에 규정했던 것이다. 결과적으로 미국 독점규제법 체계에서 사적 소송의 개념이 통상 보통법common law에서 알고 있던 사적 소송의 개념보다 더욱 광범위했던 것이다.[68]

그렇더라도 미국에서 사적 소송은 〈셔먼법〉 제정 이후 50여 년 동안 활발하게 제기되지 않았다. 1890년부터 1898년까지 6건, 1899년부터 1904년까지 8건이 제기됐고, 이후 1945년까지 한해에 약 4건 정도씩 제기될 정도였다. 그래도 사적 소송의 건수가 1940년대에 이르면 이미 공적 집행 건수를 능가했다. 1940년대부터 1965년 기간에 사적 소송과 공적 집행의 비율은 대략 6 : 1 수준이었다.[69]

그 이후 사적 소송은 천문학적으로 증가했고, 1977년 한해에 1,611건으로 최대를 기록하기도 했다. 이처럼 사적 소송이 급증한 요인은 3배 손해배상소송의 허용, 원고에게 유리하도록 변호사 비용의 전가 가능성, 자유로운 증거 개시제도Discovery, 집단소송Class action의 제기 등이 복합적으로 작용한 결과라고 하겠다.

사적 소송은 1970년대에 정점을 보이다가 1970년대 말부터 1990년대까지 크게 줄어들었고, 이후부터 다시 대폭 증가하는 경향을 보였다. 미국에서 사적 소송과 공적 집행의 비율은 1977년 20 : 1 수준을 기록하기도 했지만, 이후에 사적 소송이 줄어들면서 그 비율은 현재 대략 10 : 1 범위에서 안정되고 있다.[70]

우리나라의 경우 대부분의 독점규제법 집행은 행정기관에 의한 공적 집행으로 이루어진다. 그리고 개인이나 기업이 법원에 중지명령이나 손해배상소송을 제기하는 경우는 매우 예외적이다. 그러므로 미국에서 사적 소송을 중심으로 독점규제법 집행이 이루어지는 현상은 매우 독특한 특징의 하나라고 하겠다.

4.5. 집행기관의 독립성 유지

미국의 법집행에서 또 다른 특징은 집행기관의 독립성이다. 미국은 최초로 〈셔먼법〉을 제정했는데, 당시 법집행은 일반적인 형사사건과 마찬가지로 법무성(검찰)에서 담당했다. 그러므로 법무성장관은 법집행의 직접 책임을 졌지만, 국민에 대한 정치적인 책임을 지는 것은 아니었다.

그런데 경제 분야에서 발생한 사건을 형사·사법 절차로 처리하는데는 여러 가지 문제점이 나타났다. 이미 앞에서 살펴본 것과 같이 정치적 책임을 지지 않는 소극적 집행, 노동조합 활동을 탄압하는 것과 같은 무리한 집행, 합리의 원칙을 적용했다지만 현실에 부합하지 않는 결과 발생, 폐해는 계속돼도 사건처리에 장기간이 소요되는 문제 등이었다.

이러한 문제점을 개선하며 독점의 폐해에 적절히 대처할 수 있는 새로운 법집행기구로 탄생한 것이 연방거래위원회FTC였다. 그래서 FTC의 역할은 업무처리의 독립성과 전문성을 유지하며 현실의 경제문제를 책임 있게 해결하는 것이었다. 이를 실현하도록 〈FTC법〉에서는 제1조에서부터 제3조에 걸쳐 법집행 조직의 구성과 운영에 여러 가지 세심한 주의를 기울였다.

〈FTC법〉은 위원 5명에 대한 임명권이 대통령에게 있었으나 상원의 동의를 얻어야 했고, 3명 이하를 동일한 정당 소속으로 임명하도록 규정했다. 위원 임기를 대통령보다 길게 7년으로 규정했고, 위원들이 일시에 교체되는 것을 방지하기 위해 최초 임명 시에만 위원별 임기를 각각 3년, 4년, 5년, 6년, 7년으로 하고, 결원으로 선임된 위원은 전임자의 잔여 임기를 수행하도록 규정했다. 이로써 5명의 위원이 매년 한명씩 교체되도록 배려했다. 그리고 위원은 독립적으로 직무활동을 수행하도록 하고, 위원의 해임은 무능력, 직무 불이행, 부정행위의 요건에 해당하는 경우에만 가능하도록 규정했다.

FTC의 독립성은 위원의 임면과 밀접히 관련되는데 험프리William E. Humphrey FTC 위원의 판례[71]를 거치면서 대통령도 법에 규정된 사유가 아니고서는 정치적인 이유로 위원을 해임할 수 없다는 원칙이 확립됐다. 험프리 위원은 1925년 제30대 쿨리지 대통령에 의해 처음 임명되었다가 1931년 제31대 후버 대통령에 의해 두 번째로 7년 임기의 위원에 임명됐던 인물이다.

험프리 위원은 법적인 제재 보다는 해당 기업과의 비공식적인 협의를 통해 문제를 해결하려고 했다. 이 과정에서 반대자가 생겨났고, FTC의 적극적인 개입을 원했던 의원들은 FTC 폐지 법안을 발의하기도 했다. 점차 험프리 위원은 골칫덩어리controversial가 됐다. 마침내 제32대 프랭클린 루스벨트 대통령이 새로 취임하고 4개월 정도 지난 1933년 7월 25일 험프리 위원에게 사임을 요청하는 서신을 보냈다.

험프리 위원이 대통령의 사임 요청을 거부하자 한 달 후인 8월 31일 루스벨트 대통령은 더욱 강경한 서신을 보냈다. 험프리 위원이 이 요청마저 재차 거부하자 대통령이 10월 8일 서신으로 해임했다.

험프리 위원은 해임에 불복해 소송을 제기했는데 해임 후 약 5개월 지난 1934년 2월 14일 사망했고, 그의 유언집행자가 소송을 계속 진행했다. 그는 험프리 위원의 불법적인 해고에 따라 받지 못한 급여를 청구하는 소송을 제기했는데 마침내 대법원에서 승소했다.

대법원은 일반적인 공무원과 준입법적 혹은 준사법적 역할의 공무원 quasi-legislative or quasi-judicial officers을 구분하고, 후자의 공무원에 대해서는 법 규정에 따라 해임해야 한다고 판결했다. 이 판례 이후로 FTC 위원들은 대통령의 해임이라는 압박 없이 독립적으로 역할을 수행할 수 있는 선례가 만

윌리엄 E. 험프리(William E. Humphrey). 험프리는 1925년 FTC 위원으로 처음 임명되어 연임하던 도중이던 1933년 정치적인 이유로 해임됐다. 그 후 그의 유언 집행자가 소송을 통해 대법원에서 법 규정에 따르지 않은 해임이라는 판결로 승소해 FTC 위원들이 독립적으로 역할을 수행할 수 있는 선례를 만들었다. 출처 : Google 검색.

들어졌다.

이처럼 FTC의 독립성은 대통령에 대해서는 비교적 확고하게 지켜졌다고 하겠다. 그런데 의회에 대해서는 그렇지 못했는데 의회가 FTC에 대한 예산을 통제할 수 있었기 때문이다. 이에 관한 다수의 실증적인 연구에서 공통적으로 지적한 점은 의회의 돈줄purse-string을 통한 영향력이 상당하다는 것이다.

예컨대 FTC의 사건 기각case dismissals은 FTC의 예산이나 업무 감독권한이 있는 위원회 또는 소위원회 의원의 지역구에 본부를 두고 있는 기업들에게 집중되고 있다는 연구가 있다. 또한 FTC는 의회에서 FTC를 감독하는 위원회의 의지를 반영한 정책 프로그램을 일관되게 채택한다는 연구 결과도 있다.[72]

미국은 이미 앞에서 설명한 바와 같이 법무성과 FTC라는 복수의 독점규제법 집행기관을 두고 있다. 법무성은 대통령에게 직접 책임을 지며 집행하고, FTC는 의회로부터 조직 운영에서 가장 중요한 예산의 통제를 받으며 집행하고 있다. 집행기구를 이원화하여 특이하고 이상한 조직 운영을 하고 있지만, 민주주의 국가에서 기관 간 권력을 분산하고 상호 견제와 균형의 원리에 충실한 모습일 수도 있다.

또한 다른 나라와 마찬가지로 미국도 집행기관의 독립성을 확보하는 것은 중요한 과제였다. 이를 위해 오랜 역사를 통해 여러 가지 법과 제도를 마련했고, 전문성과 중립성을 바탕으로 법집행을 해왔지만 집행기관의 독립성은 여전히 미완성의 과제인 것은 분명하다.

미주

1 미국의 북부와 남부가 벌인 약 5년(1861년~1865년)의 내전이다. 미국은 1783년 영국으로부터 독립했는데 북부는 제조업 중심으로 발달했고, 남부는 흑인 노예의 노동력으로 면화를 재배하는 농업이 발달했다. 1861년 노예제도를 반대한 링컨이 북부의 절대 지지를 바탕으로 대통령이 됐고, 서로 대립하던 북부와 남부 간에 전쟁이 발생했다. 1863년 1월 링컨 대통령은 노예해방을 선언했고, 7월 북부 연합군이 게티즈버그 전투에서 승리하면서 전세가 북부로 기울었다. 그 후로도 전투가 계속됐지만 결국 1865년 4월 18일 남부가 항복을 선언하면서 전쟁이 끝났다.

2 Harry First, Eleanor M. Fox, and Robert Pitofsky 편저, 『100년간의 반독점법 평가와 향후 전망』, 공정거래위원회 내부자료, 2007. 4, 6쪽.

3 미국 역사에서 이민은 돈을 벌기 위한 경제적 목적이나 정치·종교적 박해를 피하기 위한 목적에서 대규모로 이뤄졌다.

4 Thomas J. DiLorenzo, "The truth about the "Robber Barons"", *Mises Institute*, November 1, 2017. (Google 검색).

5 Burton W. Folsom, "How the myth of the 'Robber Barons' began - and why it persists", Foundation for Economic Education, September 21, 2018. (Google 검색)

6 CCTV 다큐멘터리 대국굴기 제작진, 소준섭 번역, 『대국굴기 강대국의 조건 - 미국』, 안그라픽스, 경기도 파주, 2007.8.10., 334쪽.

7 미국 정부는 이민자가 급증하자 1924년 이민법을 제정하고 이민자 총수를 16만 5천 명으로 제한했다. 이로써 약 100년간 계속 증가해온 미국 이민이 퇴조기를 맞게 되었다. (네이버 검색 ; 맑스사전 미국 이민).

8 G. Porter, "The Rise of Big Business", p. 56. (Harry First, Eleanor M. Fox, and Robert Pitofsky 편저, 앞의 책, 8쪽에서 재인용).

9 CCTV 다큐멘터리 대국굴기 제작진, 앞의 책, 300~301쪽.

10 CCTV 다큐멘터리 대국굴기 제작진, 앞의 책, 301~302쪽.

11 중앙대학교 산학협력단, 『미국의 경쟁/소비자 법·제도 및 사건처리절차 연구』, 10쪽.

12 Harry First, Eleanor M. Fox, and Robert Pitofsky 편저, 앞의 책, 8~9쪽.

13 "If we are unwilling or unable, there will soon be a trust for every product and a master to fix the price for every necessity of life."(21 Cong. Rec. 2, 460, 1890).

14 세계 최초의 독점규제법에 대해서 이견이 있다. 캐나다가 1889년 〈거래를 제한하는 협정 방지법(Act for the Prevention and Suppression of Combinations formed in Restraint of Trade)〉을 제정하여 카르텔을 형사 범죄로 규정했으므로 이 법이 최초라는 것이다. 그러나 이 법은 제대로 집행되지 않아서 대개 1890년 미국에서 제정된 〈셔먼법〉을 최초의 독점규제법이라고 한다. 캐나다의 독점규제법은 1910년 기업결합 조사법(Combines Investigation Act), 1986년 경쟁법(Competition Act) 제정이라고 한다.

15 C. T. Primm, "Labor Unions and the Anti-trust Law: A Review of Decisions", *Journal of Political Economy, Vol. 18, No. 2* (Feb. 1910), The University of Chicago Press Journals,

pp. 129~130.

16 Blindell et al. v. Hagen et al. (February 1893 ; 54 F. 40).

17 U. S. v. Workingmen's Amalgamated Council of New Orleans (March 1893 ; 54 F. 995).

18 Pullman Strike - Wikipedia (Googlle 검색).

19 이 사태가 진압된 후 그로버 클리브랜드 미국대통령과 의회는 노동조합이나 노동자들과 타협하기 위해 1894년부터 노동자의 날을 연방 공휴일로 지정했고, 이후 이를 입법화하여 미국에서는 매년 9월 첫째 월요일이 노동자의 날이 됐다.

20 C. T. Primm, 앞의 논문, pp.130~131. 또는 U. S. v. Debs et al. (December 1894 ; 64 F. 724) 사례 참조.

21 이 사례에 대한 연방대법원 판례는 Loewe v. Lawlor, 208 U.S. 274 (1908)이다.

22 노동자가 노동조합에 가입할지 말지를 자유롭게 결정하도록 하여 조합원과 비조합원이 고용과 해고에서 차별대우를 받지 않도록 하는 제도인데, 사용자 측에서 비조합원인 노동자만을 고용하여 노동조합을 배제하는데 악용되기도 한다. 이와 반대로 사용자가 노동자를 고용할 때 조합원만을 고용하도록 하여 모든 노동자를 조합에 가입시키는 방식이 크로즈드 숍(closed shop)이다.

23 Archibald Cox, "Labor and the Antitrust Law - A Preliminary Analysis", *Labor and Antitrust*, *Vol.104*, 1955, University of Pennsylvania Law Review, p. 257.

24 United States v. E. C. Knight Co. 156 U.S. 1 (1895).

25 Marc Winerman, "The Origins of the FTC : Concentration, Cooperation, Control, and Competition", *Antitrust Law Journal, Vol. 71*, 2003, p.8. 구체적인 사건 내용과 판결내용의 해석에 대해서는 Marc Winerman, 앞의 논문, 8~9쪽, United States v. TransMissouri Freight Ass'n, 166 U.S. 290 (1897) 참조.

26 Swift & Co. v. United States 196 U.S. 375 (1905).

27 이러한 경향을 머크레이킹(muckraking)이라 했고, 이에 종사하는 기자나 작가를 머크레이커(muckraker) 라고 했다.

28 CCTV 다큐멘타리 대국굴기 제작진, 앞의 책, 334쪽.

29 CCTV 다큐멘타리 대국굴기 제작진, 앞의 책, 310쪽.

30 Northern Securities Company, et. al., Apts. v. United States, 193 U.S. 197 (1904).

31 시어도어 루스벨트 대통령은 외교 분야에서 미국의 제국주의 노선에 앞장섰다. 재임 시 미국의 중남미 진출, 파나마 운하 이권 획득 등이 이뤄졌다. 그의 특사가 1905년 맺은 가쓰라-태프트 밀약은 아시아에서 미국의 필리핀 식민지화와 일본의 조선 침략을 상호 확인하는 내용이었다.

32 CCTV 다큐멘타리 대국굴기 제작진, 앞의 책, 345~346쪽.

33 CCTV 다큐멘타리 대국굴기 제작진, 앞의 책, 343쪽.

34 교육방송, 『지구촌의 다큐멘터리 세계의 역사 미국편』, 「제9편 트러스트와 그 분쇄자」, 1991. 5. 2. 방송.

35 CCTV 다큐멘타리 대국굴기 제작진, 앞의 책, 347쪽.

36 Department of Commerce and Labor - Wikipedia (Google 검색).

37 Marc Winerman, 앞의 논문, 24~26쪽.

38   The Sherman Anti-trust Act and Standard Oil - Digital History (Google 검색). 물론, 제26대 루스벨트 대통령이 연임하면서 이 기간 중에는 적극적으로 법집행을 하여 43건을 기소하기도 했다.

39   Standard Oil Co. of New Jersey v. United States 221 U.S. 1 (1911).

40   Standard Oil Co. of New Jersey v. United States - Wikipedia(Google 검색).

41   Francis G. Newlands는 1893~1903 중에는 하원의원이었으나 1903년부터 민주당 상원의원이 됐다. Francis G. Newlands - Wikipedia(Google 검색).

42   윌슨 대통령은 제1차 세계대전에서 승리를 이끌며 1918년 1월 14개조 평화원칙을 발표했다. 여기에 포함된 민족자결주의의 영향으로 유럽 일부 국가들이 독립을 얻었고, 한국에서 1919년 3·1 만세운동이 일어나는 계기가 됐다.

43   Marc Winerman, 앞의 논문, p.48.

44   Marc Winerman, 앞의 논문, p.49.

45   Tim Wu, The Curse of Bigness, *Antitrust in the New Gilded Age*, Colombia Global Reports, New York, 2018, p.38.

46   Marc Winerman, 앞의 논문, p.45.

47   Marc Winerman, 앞의 논문, p.46.

48   Hans B. Thorelli, "The Federal Antitrust Policy: Origination of an American Tradition", (Harry First, Eleanor M. Fox, and Robert Pitofsky 편저, 앞의 책, 9쪽에서 재인용)

49   Neil W. Averitt, "The Meaning of 'Unfair Method of Competition' in Section 5 of the Fair Trade Commission Act", *Boston College Law Review*, Vol. 21, Issue 2 Nomber 2, January 1980, p.230.

50   Marc Winerman, 앞의 논문, p.52.

51   Marc Winerman, 앞의 논문, p.53.

52   윌슨 대통령이 취임한 1913년 3월 4일 이후 의회는 1913년 4월 7일부터 중간 선거를 위해 3주간 휴회를 제외하고 18개월 동안 개회했다고 한다. Marc Winerman, 앞의 논문, p.51.

53   Marc Winerman, 앞의 논문, p.54.

54   중앙대학교 산학협력단, 앞의 책, 20쪽.

55   Marc Winerman, 앞의 논문, p.54.

56   Federal Trade Commission(FTC) - Encyclopedia - Business Terms | Inc.com, p.2. (Google 검색).

57   새뮤얼 곰퍼스는 영국 런던 출신으로 1863년 미국으로 이주하여 담배공장의 연초공이 됐고 연초공조합의 위원장을 지내다 1886년 미국노동총동맹(AFL; American Federation of Labor)을 설립하여 초대회장에 취임한 이후 종신 위원장으로 활약한 미국 노동운동의 선구자였다.

58   대헌장은 1215년 영국의 존 왕이 귀족과 시민들의 저항에 굴복하여 왕의 과세권 제한, 시민의 자유와 권리 보장, 대헌장의 존중 등을 내용으로 하는 전문 63개조에 서명한 합의문이다. 왕으로부터 귀족들의 자유와 재산권을 보장받은 내용이었고, 영국 헌법의 근원이 됐다.

59   Dallas L. Jones, The Enigma of the Clayton Act, *ILR Review*, vol.10, No.2(Jan. 1957), p.214 또는 Clayton Act, Labor Provisions (Encyclopedia.com 검색).

60   중앙대학교 산학협력단, 앞의 책, 12쪽.

61   "It is hard to describe the functions of the Commission. All I can say is that it has transformed the Government of the United States from being an antagonist of business into being a friend of business." 윌슨이 대통령 연임을 위해 1916년 9월 2일 민주당 후보 지명을 수락하는 연설내용의 일부임. (Marc Winerman, 앞의 논문, p.93.에서 재인용)

62   Marc Winerman, 앞의 논문, p.93.

63   중앙대학교 산학협력단, 앞의 책, 23쪽.

64   행정학사전, 〈가외성(redundancy)〉 참조. (네이버 검색).

65   Daniel A. Crane, *The Institutional Structure of Antitrust Enforcement*, Oxford University Press, New York, 2011, pp.42~44.

66   Daniel A. Crane, 앞의 책, p.36.

67   "The dual-agency system is inelegant on paper and imperfect in practice. It has little to commend to other jurisdictions." Daniel A. Crane, 앞의 책, p.46. 그리고 이중 집행시스템이 유지되는 이유에 대해서는 Daniel A. Crane, 앞의 책, pp.46~48.

68   Daniel A. Crane, 앞의 책, p.50.

69   Daniel A. Crane, 앞의 책, pp.53~54.

70   Daniel A. Crane, 앞의 책, pp.53~54. 특히 〈그림 3-1〉 그래프에 사적 집행의 추세가 잘 나타남.

71   Humphrey's Executor v. U.S., 295 U.S. 602(1935) 판례와 Daniel A. Crane, 앞의 책, pp.32~34 내용을 요약 정리한 것임.

72   Daniel A. Crane, 앞의 책, p.35.

제2부

〔일본·독일〕 왜 미국 독점규제법이
가장 먼저 전수됐는가?

미국에서 확립된 독점규제법은 제2차 세계대전이 끝난 후 패전국이었던 일본과 독일로 가장 먼저 전수됐다. 미국은 전쟁이 발발하게 된 근본적인 원인 중의 하나가 일본과 독일 등 패전국의 독점기업들 때문이라고 믿었다. 따라서 세계대전이 다시 일어나지 않도록 하려면 이들 독점기업들을 규제할 필요가 있었다.[1] 그러므로 독점 재벌을 해체하고 경제력이 집중되는 것을 방지하는 경제민주화Democratization of Economy를 추진하는 것이 필요했다. 이를 위해 미국에서 정립된 독점규제법을 이들 국가에 서둘러 전수하게 됐다.

　　그런데 두 국가의 독점규제법은 제정의 동기는 비슷했지만 전수 내용과 그 이후의 집행과정은 큰 차이가 있었다.

　　일본은 미국의 3개 독점규제법을 모델로 하여 이를 통합한 단일법을 신속히 제정했다. 이 법은 미국의 의지에 따라 미국법보다 일정부분 강력하고 이상적인 내용을 포함했다. 제정 이후에 수차례 개정을 반복하며 일부 규정을 완화 내지 폐지했다. 집행기구로는 미국 FTC와 유사한 공정거래위원회를 설치하여 행정절차 중심의 집행방식을 확립했다. 그렇지만 초기에 집행이 소극적이었다가 1990년 미·일구조협의SII; Structural Impediments Initiative 이후에 다소 적극적으로 집행했다.

　　독일은 자국의 연구 경험과 경제 현실을 바탕으로 〈경쟁제한방지법〉을 신중히 제정했는데 일본보다 10년이나 늦었다. 제정 이후에 법 개정을 통해 일부 규정을 보완 내지 강화했다. 집행기구는 미국과는 다른 연방카르텔청을 설치하여 행정절차 중심의 집행방식을 정착시켰다. 초기부터 엄격히 집행하여 경쟁정책의 조기 정착을 도모했고, 유럽의 독점규제법 집행과 발전을 견인하는 역할을 담당했다.

일본과 독일의 독점규제법 제정과 집행 비교

	일 본	독 일
제정 동기	2차 대전 패전 이후 미국의 압력	2차 대전 패전 이후 미국의 압력
제정 법률	미국 3개 법을 모델로 한 단일 공정거래법 〈사적 독점의 금지 및 공정거래의 확보에 관한 법률〉	독일의 연구 결과와 경제 현실 등을 바탕으로 하는 단일의 〈경쟁제한방지법〉
제정 시기	1947년	1957년
주요 개정	일부 규정의 완화 내지 폐지 (수차례 개정을 반복)	일부 규정의 보완 내지 강화
집행 기구 (기관 성격)	공정거래위원회 (합의제 행정기관)	연방카르텔청 (독임제 행정기관)
집행 절차 (형벌 규정)	행정 절차 중심으로 집행 (형벌 규정 있고 전속고발로 제한)	행정 절차 중심으로 집행 (형벌 규정 자체가 없음)
집행 경향	초기에는 소극적 집행에서 1990년 이후 보다 적극적 집행	처음부터 엄격한 집행으로 유럽의 제도 발전을 견인

1장. 일본의 독점규제법 제정과 집행

일본은 1945년 8월 15일 세계 제2차 세계대전에서 연합군에 항복했다. 연합국을 대표한 미국은 대일 점령정책의 일환으로 연합국최고사령부GHQ ; General Headquarters를 일본에 설치했다. 그리고 이 사령부가 경제개혁을 비롯한 전후 일본의 국가재건계획을 추진했다. 경제개혁에는 독점규제법을 제정하는 내용이 포함됐다. 그래서 미국에서 최초로 제정된 독점규제법이 전파된 첫 국가는 일본이 됐다. 일본은 미국의 반트러스트 제도를 거의 그대로 수용하여 자국의 독점규제법을 제정했다.

1.1. 제2차 세계대전에서의 패전과 경제개혁 추진

일본은 1929년 시작된 세계공황의 영향으로 1930년대에 심각한 불황을 겪었다, 그리고 제2차 세계대전을 일으켜 전시경제를 수행하면서 1938년 〈국가 총동원법〉, 1941년 〈중요산업 단체령〉, 1943년 〈군수회사법〉 등을 제정했다. 이들 법령의 주요 내용은 카르텔 설립과 가입 강제, 기업경영에 대한 국가의 개입, 군수공업 관련 재벌에 대한 지원 등이었다.[2] 즉 시장 매커니즘을 무시하고 국가의 경제적 의사결정을 우선시키며, 소수 재벌중심의 경제체제를 구축했던 것이다.

그런데 일본의 항복으로 연합군사령부가 설치되어 일본의 통치를 담당

1945년 제2차 세계대전이 연합국의 승리로 끝나고 일본 도쿄에 설치된 연합국최고사령부
(GHQ) 전경.
여기서 전후 일본의 독점규제법 제정 작업이 추진됐다. 이 작업은 미국에서 정립된 3개의 독
점규제법을 단일법으로 만들었고, 2개의 법집행기관을 하나로 통합했기 때문에 매우 복잡하
고 어려웠다. 출처 : www.yahoo.co.jp 검색.

했다. 사령부는 초기 점령정책으로 일본의 무장 해제, 비군사화와 민주화를 추진했다. 경제 분야의 경우 비민주적 경제체제를 개혁하기 위해 농지개방, 노동개혁과 함께 재벌체제의 해체 등을 포함하는 경제민주화 대책을 우선 추진했다. 이어서 경제개혁에서 거둔 성과를 경제체제에 정착시켜 항구적으로 제도화하기 위해 독점규제법을 제정했다.

우선 재벌체제의 해체는 3개 방향으로 진행됐다.[3]

첫째, 본사라고 불리는 지주회사를 정점으로 주식 소유, 융자, 임원 겸임, 계속적인 거래, 재벌가족에 대한 절대적 충성심 등을 통해 계열기업들이 결합된 형태의 기업집단이던 재벌을 해체했다. 당시 미쓰이, 미쓰비시, 스미토모, 야스다와 같은 4대 재벌이 일본 전체 납입자본금의 24.5%를 차지했고, 신흥 6개 재벌을 포함한 10대 재벌이 35.2%를 차지했다. 이들을 포함한 재벌을 해체하기 위해 83개의 지주회사를 지정하여 신속하게 정리했다. 지정 후 3년 반 만에 당초의 목적에 따른 정리를 완료했다.

둘째, 재벌 해체와 함께 과도한 경제력 집중을 시정하기 위한 조치를 추진했다. 이를 위해 1947년 12월 18일 〈과도 경제력집중 배제법〉을 제정했다. 그리고 전체 주식회사 납입자본금 합계액에서 2/3(약 66%) 수준에 해당하는 325개 회사를 정리대상으로 지정했다. 이들 기업에 대해 회사 분할, 영업의 일부 양도, 주식 처분 등의 조치가 이뤄졌다. 그런데 동서 냉전구조가 격화됨에 따라 결국 18개사만 정리되는데 그쳤다.

셋째, 전시에 카르텔 조직으로 형성된 경제단체를 해산했는데, 1,022개였다. 경제단체가 비민주적인 경제 통제활동에 치우쳤다고 보고 기존의 사적통제 단체 중 일부 예외를 남기고 모두 해산 또는 청산했던 것이다. 그리고 1948년 7월 5일에 〈사업자단체법〉을 제정하여 일체의 단체에 대한 신고제를 도입해 관리했다.

일본은 1947년 12월 18일 〈과도 경제력집중 배제법〉을 제정하여 공포했는데, 이를 결재한 문서에 히로히토(裕仁)라는 서명이 보인다.
325개 회사를 대상으로 회사 분할, 영업의 일부 양도, 주식 처분 등의 조치가 이루어졌는데, 동서 냉전구조의 격화로 18개 회사만 정리됐다. 출처 : www.yahoo.co.jp 검색.

전후 일본 경제체제의 주요 개혁

개혁	재벌체제 해체		독점규제법 제정
목적	비민주적 경제체제 개혁		개혁 성과의 항구적 정착
주요 추진 내용	① 지주회사 중심의 기업집단 해체 : 83개 지주회사를 지정하여 정리 ② 과도한 경제력집중 시정 : 328개 회사를 정리 대상으로 지정 →18개사 정리 ③ 카르텔 조직이 된 경제단체 해산 : 1,022개 단체 해산·청산	→	① 상공성 중심의 입법안 마련 : 일본의 입장에서 작성 ② 카임(Kime)[4] 입법안 마련 : 미국 반트러스트법을 계승 → 카임 입법안을 중심으로 일본 의견을 반영하여 독점규제법 제정

1.2. 독점규제법의 제정

경제구조 개혁과 함께 독점규제법 제정 작업이 추진됐다. 일본의 법제정은 연합국최고사령부GHQ의 지시에 따라 시작됐고, GHQ의 반트러스트 및 카르텔과Antitrust and cartels division 주임이었던 카임Posey T. Kime의 시안 작성으로 구체화됐다. 1946년 8월 카임 법안이 미국의 독점규제 3법, 즉 〈서먼법〉, 〈클레이튼법〉, 〈FTC법〉을 종합한 단일안으로 일본 측에 제시됐다. 일본이 그 이전에 상공성商工省에서 자체적으로 산업질서법안을 준비했지만 GHQ가 이를 전혀 받아들이지 않았다.

미국 측의 구상에 따라 만들어진 시안은 매우 엄격한 내용이었다. 이러한 독점규제법 제정안에 대해 일본 상공성 중심의 경제계와 법조계는 크게 반발했다. 이 과정에서 GHQ와 일본 정부는 밀고 당기는 교섭을 진행했다.

일본의 독점규제법 작성에 기여한 카임(Posey T. Kime)
의 묘.
그는 1930년 인디애나주 상고법원 판사 등을 거쳐 1942
년 법무성 반트러스트국으로 옮겼다. 2차 대전이 끝나
고 일본에 설치된 연합국최고사령부(GHQ)의 반트러
스트 및 카르텔과(Antitrust and cartels division) 주임
으로 1년간 근무하며 일본의 독점규제법 작성에 기여
했다. 1958년 워싱턴에서 사망하여 인디애나주 월넛힐
(Walnut Hill) 묘지에 묻혔다. 출처 : Google 검색.

마침내 1947년 3월 18일 〈사적 독점의 금지 및 공정거래의 확보에 관한 법
률안〉이 각의에서 의결됐다.

이 법률안은 3월 22일 의회에 상정된 뒤 법률의 조기 제정을 요구하는
GHQ의 강한 압력으로 3월 31일 실질적 심의도 없이 가결되어 7월 20일부
터 시행됐다.[5] 이렇게 GHQ가 주도하여 최초로 제정된 법을 일본에서는 원
시 독점금지법原始 獨占禁止法이라 한다.

이상과 같은 법제정 과정의 주요 내용을 발생순서로 요약하면 다음과 같다.[6]

◎ 연합군사령부 각서 「지주회사의 해체에 관한 건」(1945.11월) C항
에 의해 법률 제정을 지시

◎ 상공성에서 산업질서법안 요강을 작성(1946.1월)했고, 이에 대해
사령부가 거절

◎ 에드워즈 재벌조사단[7]에 의해 반트러스트 입법을 권고(1946.3월,
공표는 1946.10월)

◎ 사령부에서 항구적 입법을 지시(1946.7.23일자)했고 카임 시안이
제시됨(1946.8월)

◎ 독점금지준비조사회를 설치하고, 다음 회기 통상 의회에 법안을
제출하는 것을 내용으로 하는 「독점금지법에 관한 항구적 제도 준
비의 건」을 각의에서 결정(1946.11.3)

◎ 경제각료 간담회의 「독점금지제도 요강(안) 을안乙案」에 대해 사령부에서 거절(1946. 12월)

◎ 법률 시안을 작성하여 사령부에게 제시(1947. 1월 및 2월)

◎ 사령부의 수정 의견에 기초해 수정 시안을 작성한 뒤 사령부와의 절충(1947. 2월 및 3월)

◎ 법안의 각의 결정(1947. 3. 18) 및 국회 제출(1947. 3. 22)

◎ 중의원·귀족원에서 원안대로 가결되어 성립(1947. 3. 31)

　일본의 원시 독점금지법은 미국의 3법에서 위법행위로 규정한 독점적 행위, 카르텔 금지, 불공정행위 금지, 기업결합 제한 등 주요 내용을 모두 포함하고 있다. 일본법의 주요 특징은 미국의 반트러스트제도를 거의 그대로 수용한 것이라고 하겠다.[8]

　그리고 원시 독점금지법은 미국 제도의 결함을 보강하면서 미국법보다 더욱 엄격한 법을 제정했다고 할 수 있다. 예컨대 미국법에는 없는 내용으로 카르텔을 전면 금지했고, 독점적 사업자에 대해 영업시설의 양도 등을 명하는 것이 가능하도록 했다. 또한 기업결합에 대해 〈클레이튼법〉보다 더욱 엄격하게 규제하여 원칙적으로 다른 기업의 주식을 소유하는 것을 금지하는 규정을 포함했다. 이런 제도는 그야말로 이상적인 내용이었다. 그러다

1947년 3월 31일 의회 의결을 거쳐 제정된 〈사적 독점의 금지 및 공정거래의 확보에 관한 법률〉. 공포를 결재한 문서에 히로히토(裕仁)라는 서명이 보인다. 이 법은 미국의 독점규제법 3개를 단일법으로 어렵게 통합해 제정한 것이고, 한국의 공정거래법 제정에 많은 영향을 미쳤다. 출처 : www.yahoo.co.jp 검색.

보니 후술하는 바와 같이 제대로 집행되지 못하고 개정되는 운명을 맞는다.

1.3. 집행기구로 공정거래위원회를 설치

일본의 독점규제법 제정에서 우선 관심사항은 집행기구를 어떤 형태로 창설했는지가 될 것이다. 왜냐하면 미국이 시행착오를 거듭하며 정립해온 법제정과 집행 경험을 최초로 다른 나라에 전파하면서 그 나라에 적합한 새로운 집행기구를 설치하는 것이 매우 중요한 문제였기 때문이다. 특히 미국은 집행기구를 법무성과 연방거래위원회FTC 조직으로 이원화하고 있었기 때문에 어느 방식을 일본에 적용할 것인지가 고민이었을 것이다.

미국은 일본의 집행기구에 대해 미국의 FTC나 증권거래위원회를 모델로 하는 위원회 조직을 독립기관으로 설치하려는 입장이었다.[9] 이러한 입장이 반영된 1946년 8월 카임 시안에서는 집행기관으로 공정관행위원회라는 3인 위원회Triumvirate를 창설하고, 이 위원회가 행정기관으로 독점규제법을 집행하는 것으로 규정했다.[10]

그러나 당시 일본에는 위원회라는 명칭이 존재는 했지만 이들은 자문기관에 지나지 않았고, 독립적인 합의제 행정기관이 존재하지는 않았다. 일본에서 미국과 같은 독립규제위원회의 역사는 GHQ에 의해 시작됐다.[11] 그런 상황에서 법집행기관이나 집행절차는 미국 측 의지를 무시할 수 없었

일본 공정거래위원회(JFTC; Japan Fair Trade Commission)의 기관 문양.
일본은 독립적인 합의제 위원회를 운용한 경험이 없었지만, GHQ의 의지에 따라 미국의 FTC나 증권거래위원회를 모델로 한 JFTC를 1947년 설치했다. JFTC는 독점규제법 역사에서 독립규제위원회 형태로 법집행기관을 설치한 하나의 모델이 됐고, 한국도 이를 모델로 공정거래위원회를 설치했다. 출처 : www.jftc.go.jp 검색.

다. 그래서 일본에서도 위원회 형태의 집행기구를 설치하는 방안으로 의견이 모아졌다.

다음으로 위원회 조직을 창설하는데 내각총리대신 소속이냐 법무대신 소속이냐를 둘러싸고 많은 논란이 있었다.[12] 처음에 미국 측은 법무대신 소속으로 설치하자는 입장이었다. 내각총리대신 직속으로 설치하면 정치적인 영향을 받아 독립적인 직무수행이 어렵다고 보았기 때문이었다. 그리고 미국 측은 위원의 신분을 보장하여 공정한 운영을 도모해야 한다는 입장이었다.

반면에 일본 측은 내각총리대신 소속으로 설치하자는 의견이었다. 당시 일본은 새로 헌법을 제정하며 내각이 국회에 대해 책임을 지도록 규정하는데 행정기관임에도 불구하고 독점규제법 집행기구를 내각에 설치하지 않으면 헌법에 위반된다고 보았기 때문이었다. 그리고 집행기구를 법무대신 소속으로 설치하면 오히려 독립적인 활동이 어렵다는 반대도 있었다.

이 문제는 나중에 미국 측이 내각총리대신 소속으로 창설하자는 일본 측 의견을 수용했다. 집행기구가 각 성·청으로부터 독립적으로 활동하려면 법무대신이 아니라 내각총리대신 소속으로 설치하는 것이 적절하다고 보았다. 더구나 미국 측 입장에서는 집행기구를 어디 소속으로 설치하느냐보다 독립된 행정조직으로 설치하여 활동할 수 있도록 하는 것이 중요한 문제였다고 하겠다. 그래서 원시 독점금지법 제27조에서 공정거래위원회를 설치하고, 위원회는 내각총리대신의 관할로 한다는 규정이 만들어졌다.

이외에도 위원의 자격에 대해 논란이 많았다.[13] 미국 측은 집행기구가 재판소와 같은 역할을 하므로 위원 자격을 법조인으로 한정하자는 의견이었다. 일본 측은 법조인은 물론 경제전문가, 경영자, 학자 등의 전문가를 광범위하게 위원으로 임명해야 이해관계가 복잡한 경제문제를 해결할 수 있다는 입장이었다. 오랜 논란과 의견 조정을 거쳐 최종적으로 법률 또는 경제에 관한 학식이 있는 자를 위원 자격으로 규정하는데 합의했다.

집행기구의 명칭으로는 공정관행3인위원회, 독점금압禁壓위원회, 독점금지위원회 등이 거론됐지만, 최종적으로 공정거래위원회가 선택됐다. 위원 수에 대해서는 위원장을 포함하여 3인, 7인, 9인 등 의견이 있었지만 7인으로 결정됐다. 위원 임기 5년, 위원과 위원장의 임명 절차, 위원의 신분보장 등에 대해서도 이런 저런 이견이 있었지만 최종 합의가 이뤄졌다.

이에 따라 원시 독점금지법에서는 집행기구의 구성에 대해 제29조 내지 제33조에서 다음과 같이 규정했다. 공정거래위원회는 7인의 위원으로 조직하고, 위원은 35세 이상으로 법률 또는 경제에 관한 학식자 중에서 내각총리대신이 중의원의 동의를 얻어 임명한다. 위원의 임기는 5년이고 보궐위원의 임기는 전임자의 잔여임기로 한다. 위원은 재임이 가능하고 정년을 65세로 한다. 위원장은 위원 중에서 내각총리대신이 임명한다.

그리고 위원의 신분을 보장하기 위하여 위원은 재임 중에 의사에 반하여 파면되지 않는다고 규정했다. 다만, 금치산·준금치산·파산 선고를 받은 경우, 징계처분으로 파면된 경우, 이 법 위반으로 형사 처벌된 경우, 금고 이상으로 형사 처벌된 경우, 공정거래위원회가 심신의 고장으로 직무를 수행할 수 없다고 결정한 경우에는 신분 보장의 예외로 했다.

1.4. 전속고발제도 최초 도입

일본의 독점규제법 제정에서 또 하나 관심을 끄는 것은 바로 전속고발제도를 도입한 것이었다. 이 제도를 도입한 것은 일본에 공정거래위원회라는 집행기관이 설치되고, 행정절차 중심의 법집행이 이뤄지도록 규정한 것보다 복잡하고 어려운 문제였다. 왜냐하면 집행기구나 절차는 미국의 법집행에서 이미 유사한 경험을 한 내용이었지만 전속고발제도는 미국에게 전혀 생경한 새로운 제도를 최초로 도입한 것이었기 때문이다.

전속고발제도는 일본의 원시 독점금지법에서 처음 도입되어 현재까지 계속 존치되고 있는 중요한 제도인데 도입 경위는 다음과 같다.[14] 1946년 7월 GHQ에서 일본의 독점규제법 제정을 지시했고, 카임 시안이 제시된 것이 그해 8월이었다. 그리고 일본 측은 1946년 10월 8일자로「경제질서에 관한 시사示唆에 대한 의견(안)」을 제시했는데, 이 문서 내용에 전속고발제도에 관한 부분이 포함됐다.

위 의견(안)에서 일본 측은 법위반의 경우 형사상 처리에 관해 "A. 위원회는 검찰국에 고발한다. B. 이 법에 관한 위반사건에 대해서는 검찰국이 직접 발동하지 않고 반드시 위원회의 고발을 요하는 것으로 한다"라고 제시했다. 이것은 독점규제법 위반사건의 경우 검찰이 주도권을 갖고 기소할 수 없고, 기소에는 위원회의 고발이 필요하다는 전속고발제도를 도입해야 한다는 입장이었다.

이에 대해 미국 측의 법무성DOJ은 반대 의사를 분명히 했다. 1946년 10월 8일자「카임 시안에 대한 법무성 의견」은 법집행을 하는 위원회의 권한은 대략 시안대로 하도록 용인하면서도, "공소 제기는 위원회의 의결에 기초하여 법무대신이 검사를 지휘하여 이것을 할 것(기소 명령)"이라고 밝혔다. 이후에도 미국 측은 전속고발제도 도입에 대해 계속 반대했다.

전속고발제도 도입과 관련한 쟁점은 크게 세 가지였다. 첫째, 위원회의 고발이 있어야 하는지 여부와 검찰 또는 재판소가 독자의 입장에서 판정할 수 있는지 여부였다. 둘째, 고발 대상의 문제로 법위반 행위에 대해 직접 고발할지, 집행기구가 위반자에게 일정한 명령을 하고 이에 따르지 않는 경우에 고발할지, 두 경우 모두를 고발 대상으로 할지 여부였다. 셋째, 위원회의 고발 의무화와 관련하여 고발할 수 있다고 할지, 고발하지 않으면 아니 된다고 할지도 쟁점이었다.

이러한 쟁점을 중심으로 일본과 미국 측 의견 조정이 계속됐다. 논의 결과는 1947년 1월 17일자, 1월 20일자, 1월 22일자 법안 등으로 정리됐다. 그 내용은 일자별로 약간 차이가 있지만, 제50조에서 "위원회는 이 법 또는 위원회의 명령에 위반하는 행위가 존재한다고 사료하는 때에는 검사총장에게 고발하지 않으면 아니 된다."라고 규정했다. 그리고 제51조에서 "검사총장은 이 법 또는 위원회의 명령에 위반하는 행위가 있다고 사료하는 때에는 위원회에 대해 그 취지를 통지하고 그 조사 및 보고를 요구할 수 있다."라는 규정도 마련했다.

이렇게 정리된 법안에 대해 GHQ는 새로운 이견을 제시했다. 위원회에 직접 기소권을 줄 것인지 아니면 고발한 경우에 기소를 강제하는 제도, 즉 기소 강제를 도입해야 하는지에 대한 일본 측 의견을 요구했다. 일본은 검찰이 기소할지 여부를 판단하는 기소재량주의가 원칙이었기 때문에 이런 GHQ 요구는 일본 측에 새로운 문제가 됐다.

이 쟁점에 대한 논의와 절충이 계속됐다. 결론적으로 검사총장이 기소하지 않으면 그 사유를 지체 없이 법무대신을 경유하여 내각총리대신에게 보고해야 하는 것으로 조정됐다. 그리고 법무대신이 임명하는 2명 이상의 검찰관을 위원회에 배치하도록 했다. 이를 통해 법무대신은 위원회의 행동에 대한 정보를 수집하고, 검찰관을 통해 의견을 진술하는 기회를 얻도록 했다.

이러한 과정을 거쳐 1947년 2월 22일자로 독점규제법 수정 시안이 마련됐다. 이 시안은 3월 6일자 2차, 3월 9일자 3차, 3월 11일자 4차, 3월 15일자 5차 시안까지 조정을 계속한 끝에 몇 가지 수정이 이뤄졌다.

주요 내용으로는 위원회에 검찰관은 물론 변호사 또는 변호사 자격이 있는 자를 배치할 수 있도록 했다. 검찰관이 관장하는 직무를 법위반 범죄에 관한 것으로 한정한 반면, 변호사에 대해서는 이런 규정을 두지 않음으로써 검찰관보나 광범위한 직무를 수행할 수 있도록 했다. 검사총장이 기소하시 않는 경우에 문서 형식으로 내각총리대신에게 보고하도록 명문화했다. 위원회의 고발도 문서로 하고, 공소가 제기된 후에는 고발을 취소할 수 없다는 규정도 명시했다.

이처럼 일본의 독점규제법에서 처음 도입된 전속고발제도는 미국과 일본 양측이 여러 쟁점과 이견을 오랫동안 협의하고 절충해서 만들어낸 결과였다. 그 내용은 공정거래위원회와 검찰 간 상호 견제와 균형(제73조 1항과 제74조), 기소 강제와 기소재량주의의 조정과 절충(제73조 2항), 검찰의 불기소에 대해 문서를 통한 내각총리대신 보고제도 등을 통해 법집행이 원활하게 이뤄지도록 한 것이다. 오늘날까지 존속하고 있는 원시 독점금지법의 관련 규정은 다음과 같다.

> 제73조 ① 공정거래위원회는 이 법률의 규정에 위반하는 범죄가 있다고 사료할 때에는 검사총장에게 고발하지 않으면 아니 된다.
> ② 전항의 규정에 의한 고발에 관련된 사건에 대해 공소를 하지 않는 처분을 한 때에는 검사총장은 지체 없이 법무대신을 경유하여 그 취지와 이유를 문서로 내각총리대신에게 보고하지 않으면 아니 된다.
> 제74조 검사총장은 이 법률의 규정에 위반하는 범죄가 있다고 사료하는 때에는 공정거래위원회에 대하여 그 취지를 통지하고 조사 및 그 결과의 보고를 요구할 수 있다.

제96조 ① 제89조 및 제90조의 죄는 공정거래위원회의 고발을 기다
려 이를 논한다.
② 전항의 고발은 문서를 통해 이를 행한다. ③ (생략)
④ 제1항의 고발은 공소의 제기가 있는 이후에는 이를 취소
할 수 없다.

한편, 전속고발제도는 독점규제법 위반에 대한 제재의 실효성을 높이는 측면에서도 큰 의의가 있다고 하겠다. 일본에서 행정절차로 법집행하는 경우 실효성 있는 제재를 할 방법이 없었다. 왜냐하면 위반행위자에게 행정절차로 행위중지명령을 내리는 것은 제재효과를 기대하기 어렵기 때문이다. 오늘날에는 행정제재로 과징금을 부과하는 제도 등이 발달하여 실효성 있는 제재가 가능하다. 그러나 일본은 1977년에야 독점규제법을 개정하면서 과징금 부과제도를 처음 도입했기 때문에 30년 전이던 법제정 당시에는 별다른 행정제재 수단이 없었다.

이에 반해 미국에서는 행정 또는 사법절차를 거쳐 위반행위자에게 행위중지 명령을 내리는 것이 실효성 있는 제재 수단이 될 수 있었다. 왜냐하면 행위중지 명령을 어겨서 손해를 발생시키면 그 손해액의 3배나 수십 배 또는 는 수백 배까지 손해배상을 물릴 수 있었다. 영미법 국가에서는 소위 3배 손해배상Treble damages 또는 징벌적 손해배상Punitive damages 제도가 발달했던 것이다.

그리고 미국의 경우 〈셔먼법〉 위반행위의 경우 중죄로 간주하여 형벌을 규정했고, 법무성에서 형사·사법 절차로 집행했다. 그렇지만 〈클레이튼법〉이나 〈FTC법〉 위반에는 형벌 규정이 없었고, 법집행도 행정절차나 민사절차로 집행하는 형태였다.

이처럼 일본은 미국과 제도적 차이가 있었지만 독점규제법 위반행위에 대한 실효적인 제재를 위한 방안이 필요했던 것이다. 그러나 일본이 미국의 3배 손해배상제도를 수용하기는 어려웠을 것이다. 실제 손해액 배상을 기본으로 하는 원칙에 어긋났기 때문이다.

그러므로 독점규제법 위반행위에 대해 광범위하게 형사 벌칙을 규정했다.[15] 이런 방식은 독점규제법 위반에 대해 과도한 형사 벌칙을 규정하는 것이어서 법조계 전문가들의 반대는 물론 경제계의 비판 혹은 저항을 초래했다. 이에 따라 독점규제법 위반에 대한 실효적인 제재와 일본의 경제·사법 현실을 절충하고 타협하는 방안을 모색했다. 이것이 바로 전속고발제도였던 것이다. 독점규제법 위반행위에 폭넓게 형사 벌칙을 규정하면서도 공정거래위원회의 고발이 있어야 형사 절차가 진행될 수 있도록 제한했던 것이다.

일본에 이어 독점규제법을 제정한 다른 국가들은 대부분 일본 방식을 따르지 않았고 한국만 유일하게 일본 방식을 그대로 따랐다. 예컨대 일본에 이어 독점규제법을 제정한 독일은 형사 벌칙을 두지 않았다. 오늘날 34개 OECD 회원국 중 독점규제법에 형사 벌칙을 규정하지 않은 국가가 21개에 이르고, 13개 국가는 일부 위반행위에 대해 형사 벌칙을 규정하고 있다.[16]

1.5. 소극적인 법집행과 급속한 경제 발전

일본은 독점규제법 제정으로 미국과 달리 하나의 성문법, 일원화된 집행기관, 행정기관 중심의 집행절차를 갖추게 됐다. 그런데 미국 측 의지가 크게 반영된 독점규제법이 일본에서 제대로 집행될 리가 없었다. 특히 경제계를 중심으로 법 규정을 완화하자는 움직임이 계속됐다. 아울러 제2차 세계대전 이후 동서진영의 냉전이 시작되면서 미국의 대일 점령정책에 변화가 생겼다. 일본의 철저한 비무장화를 목표로 했던 것으로부터 일본 경제의 배양 또는 부흥 자립으로 전환했다.

이에 따라 원시 독점금지법을 완화하는 방향으로 법 개정이 계속 이뤄졌다. 1947년 3월 31일 제정되어 7월 20일부터 시행된 이 법은 시행 직후인 1947년 7월 31일 첫 개정이 있었다. 이어서 1949년 6월 18일, 1952년 7월 31일, 1953년 9월 1일, 1963년 3월 30일, 1964년 3월 27일, 1965년 9월 1일, 1966년 3월 21일, 1967년 6월 2일 등으로 개정 작업은 계속됐다.

과도한 경제력 집중을 억제하는 규정들이 대폭 후퇴했고, 공정거래위원회 기구가 축소됐다. 또한 사업자단체 활동의 규제완화, 카르텔 적용제외 범위의 확대, 특정 공동행위 금지규정의 삭제, 기업결합 제한규정의 대폭 완화 등과 같은 실체 규정의 완화가 이어졌다.

이와 함께 실제 집행기구의 활동도 소극적이었다. 패전 이후 피폐된 경제상황에서 독점규제법의 철저한 집행은 기대하기 어려웠다. 미국 주도로 만들어진 법이어서 일본이 이를 적극 집행할 의지도 없었다. 동서 냉전체제가 본격화하면서 미국은 오히려 일본 경제의 부흥에 관심을 가지게 됐고 독점규제법의 완화에는 제동을 걸지 않았다.

한편, 일본 경제는 미국의 원조와 지원, 1950년 6월 한국 전쟁에 따른 전쟁 특수 등을 계기로 급속히 회복됐다. 이어서 1955년 경 부터 정치에서는 자민당 정권, 행정에서는 관료 집단, 경제에서는 재벌이라는 3각 체제를 바탕으로 세계에서 유례를 찾기 어려운 고도의 경제성장을 달성했다. 1955년 이후부터 1973년 제1차 석유위기가 있기까지 일본 경제는 실질 GNP 성장률이 거의 10% 수준의 경이로운 성장세를 기록했다. 경제가 이렇게 발전하다보니 어느 누구도 독점규제법 집행에 관심을 두지 않았고, 이에 대해 비판하거나 문제로 삼지 않았다.

1.6. 법집행에 대한 미국의 재차 압력과 일본의 대응

일본의 급속한 경제 발전으로 수출이 증가하자 미국에는 무역 적자라는 결과로 나타났다. 미국은 대일 무역 불균형 등으로 무역 적자와 재정직자라는 쌍둥이 적자가 눈덩이처럼 불어났다. 그러자 이를 타개하기 위한 국제적인 노력이 계속됐고, 미국은 마침내 1985년 플라자 합의Plaza Accord[17]를 이끌어냈다.

이 합의에 따라 일본의 경우 엔화 가치가 2년간 달러화에 대해 57% 수준이나 절상되기도 했다. 그러나 이런 달러화의 가치 하락에도 불구하고 미국의 쌍둥이 적자는 개선되지 않았다. 미국의 국제경쟁력이 떨어졌거나 아니면 다른 나라의 경제구조에 문제가 있다고 이해할 수밖에 없었다.

미국은 무역적자 문제가 다자간 협상으로 해결되지 않자 새로운 시도를 했다. 당시 국제무역 문제는 GATT(이후에는 WTO)에서 다자간에 협의해서 처리했는데 미국은 이를 무시했다. 대신 일본 등 여러 국가에 대해 쌍무적으로 무역 불균형의 해소, 시장개방 등을 요구했다. 이를 위해 미국은 기존 〈통상법〉을 1988년 〈종합무역법〉으로 변경하고, 소위 슈퍼 301조를 무기로 무차별적인 통상압력을 강화했다.

특히 미국은 일본을 다시 협상테이블로 불러내 무역 불균형 해소를 위한 쌍무협상을 진행했다. 이번에는 일본의 경제구조에 문제가 있다는 입장을 노골적으로 드러내며 압박했다. 일본이 미국의 압력에 굴복해 개최된 협상이 1989년부터 1990년 까지 총 5차례나 개최된 미·일구조협의SII ; Structural Impediments Initiative였다. 미국은 일본에게 공공사업 확대, 토지세제 개선, 폐쇄적인 유통구조 개혁, 배타적 거래관행의 개선, 내·외 가격 차이에 대한 시정 등을 광범위하게 요구했다.

또한 미국은 SII를 통해 일본에게 독점규제법을 엄정히 집행하고 공정거

미국의 통상 압력과 슈퍼 301조

　미국은 외국과의 통상에서 적자 폭이 증가하자 1974년 제정한 〈통상법〉을 1988년 〈종합무역법〉으로 변경하여 기존 301조를 대폭 강화했는데, 이 조항을 슈퍼 301조라 한다. 미국은 이 조항을 무기로 교역상대국의 불공정한 무역행위로 자국의 무역에 제약이 생기는 경우 보복 관세 부과, 수입쿼터 실시, 용역에 대한 제한 및 부과금 적용, 무역협정 철폐, 개도국에 대한 일반특혜관세 철회 등의 광범위한 보복을 할 수 있었다.

　이 조항을 슈퍼Super라고 하는 것은 보복조치의 발동 권한을 행사하는 주체를 대통령에서 미국 통상무역대표부USTR로 낮춰 쉽게 발동할 수 있도록 했고, 불공정 무역 관행을 폭넓게 정의해서 개별 상품이나 서비스뿐만 아니라 국가 전체적인 시장의 폐쇄성을 문제로 삼아 이에 대해 보복을 강화했기 때문이다. 미국은 슈퍼 301조를 앞세워 불공정 무역 국가를 선별하여 우선협상대상국가로 지정하고, 이들 국가와 개별 시장개방 협상을 벌였다. 대표적으로 1980

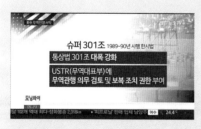

1988년 종합무역법에 따른 미국의 슈퍼 301조 내용을 한국의 연합뉴스TV에서 보도하고 있다.
일본, 한국을 비롯한 많은 국가들이 슈퍼 301조를 무기로 한 미국의 통상압력에 시달렸다.

미국 통상무역대표부(USTR)가 매년 작성하는 각 국별 무역장벽 보고서의 표지. USTR은 이 보고서에 기초하여 불공정 무역 국가를 지정하고, 해당 국가와 개별 협상을 하여 불응하는 경우 광범위하고 무차별적으로 보복했다.

년 말 일본과 한국이 불공정 무역의 시정과 시장개방 압력 등의 공
세에 시달렸다.

그런데 이 조항은 국제분쟁 해결절차를 거치지 않은 일방적인
보복조치를 규정한 것이라 세계무역기구WTO 규정에 어긋나는 것
이다. 그럼에도 이 조항은 1989년부터 1990년 까지 2년 동안 한시
적으로 운용되다 부시 행정부에서 폐기됐다. 그러나 1994년 클린
턴 대통령의 행정명령에 의해 부활되기도 했고, 2018년 트럼프 대
통령이 중국제품에 대해 보복관세를 부과하겠다고 발표한 것도 이
슈퍼 301조에 근거했다.

래위원회의 역할을 강화하도록 요구했다. 이에 따라 일본은 독점규제법 집
행을 강화하고, 공정거래위원회 인원과 예산을 확대하며, 과징금 부과기준
을 올리는 법 개정을 추진하고(1991년 법 개정에서 카르텔의 경우 과징금 상한이
매출액의 2%에서 6%로 대폭 높아졌고, 2005년 개정으로 매출액의 10%로 변경됨), 형
사 처벌을 강화하는 방안을 추진하게 됐다.[18]

그리고 일본은 형사 처벌을 강화하기 위해 1990년 형사고발 지침을 제정
했고, 1991년 1월 공정거래위원회와 검찰 간 고발문제협의회를 만들기도
했다. 그리고 미·일구조협의 이후인 1991년부터 2018년까지 28년 동안 총
17건을 고발해 한 해 평균 0.6건 정도를 고발했다. 일본의 법집행에 약간의
변화가 있었다.

일본은 독점규제법 제정은 물론 집행과정에서 모두 미국의 영향을 받았
다. 그렇지만 미국의 요구를 따르면서도 실제로는 일본의 방식을 정립하여
대응했다고 하겠다. 원시 독점금지법을 수차례 개정했던 역사나 미·일구

미·일구조협의(SII; Structural Impediments Initiative) 참석자들이 회의하는 모습(왼쪽), 이 회의에 대해 기록하고 분석한 일본 책들(오른쪽).
SII는 1989년부터 1990년까지 총 5차례 개최된 미국과 일본 간 쌍무 협상이었다. 그러나 이 협의는 미국이 자국의 무역적자를 해소하기 위해 일본에게 시장 개방의 구조적인 장애물을 제거해달라고 요구한 압력의 장이었다고 하겠다. 출처 : www.yahoo.co.jp 검색.

조협의SII 이후의 법집행 관행을 살펴보면 일본은 급격하지 않게 서서히 변화해 왔다. 그러면서 독점규제법을 보다 철저히 집행하고 집행기구를 더욱 강화하는 방향으로 진전을 계속하고 있다.

1.7. 전속고발제도 운영과 형사 고발 현황

일본은 독점규제법을 제정하며 전속고발제도를 규정했다. 이 제도는 한국이 1980년 공정거래법을 제정하며 도입한 것을 제외하고 다른 나라에서는 찾아볼 수 없는 제도이다. 일본이 법 제정 당시부터 전속고발제도를 규정한 것은 독점규제법 위반에 대해 형사 벌칙을 부과할 지에 대한 판단을 해당 법 전문기관인 공정거래위원회에 맡겼다는 것이다.[19]

그리고 일본 공정거래위원회는 1990년 형사고발 지침을 제정한 이후, 2005년, 2009년에 걸쳐 이를 개정하면서 다음과 같은 두 가지 고발 기준을 마련하여 계속 유지하고 있다.[20]

첫째, 일정한 거래분야에서의 경쟁을 실질적으로 제한하는 가격 카르텔, 공급량 제한 카르텔, 시장분할 협정, 입찰담합, 공동 보이콧, 사적독점 기타 위반행위에 해당하는 것으로서 국민생활에 광범위한 영향을 끼친다고 생각되는 악질적이고 중대한 사안이다.

둘째, 반복해서 위반행위를 하고 있는 사업자 또는 입계, 배제조치에 따르지 않는 사업자 등이 관련된 위반행위 중에서 공정거래위원회의 행정처분에 의해서는 독점금지법의 목적이 달성될 수 없다고 생각되는 사안이다.

또한 일본에서는 경제활동 과정에서 발생한 행위에 수사기관이 무분별하게 개입하는 것이 부적절하다고 본다. 독점규제법 위반사건에 대해 형사고발이 이루어지는 경우 사업 활동을 지나치게 억제할 우려가 있어서 오히려 사업자가 창의를 발휘하거나 사업 활동을 촉진하는데 장해가 될 수 있다는 것이다. 이러한 독점규제법 위반사건의 특성과 전속고발제도, 공정거래위원회의 고발 기준 등에 따라 독점규제법 위반에 대한 고발 건수가 적을 수밖에 없다.

고발 건수는 1947년 법제정 이후 1990년 형사고발 지침이 제정될 때까지 40여 년 간을 통틀어 5건에 불과했다. 1974년 석유가격 카르텔에 대한 1건이 있었고, 카르텔 이외의 위반행위로 1948년 3건과 1970년 1건이 전부였다.[21]

그리고 미 · 일구조협의SII이후에 적극적으로 고발했다고 하지만 1991년부터 2018년까지 28년 동안 총 17건을 고발하여 한 해 평균 0.6건 정도를 고발하는데 그쳤다. '담합 천국'이라는 오명에도 불구하고 2018년 3월 23일 민간발주 건설공사 입찰에서 담합한 4개 법인과 2명 임원을 고발했는데, 이것이 공공분야 담합이 아닌 민간분야 담합에 대해 최초로 고발한 사례였을 정도다.[22]

한편, 일본의 학설과 판례는 전속고발제도를 운용하는 공정거래위원회의 판단이 재량권 대상이라고 보고 있다. 법원은 판례에서 "독금법에 위반한다고 생각되는 행위가 있는 경우에 이를 조사하여 당해 위반행위가 국민

일본 공정위 마부치(真渕) 특별심사장이 2018년 3월 23일 철도건설 입찰에서 담합한 4개 건설회사와 2명 임원을 검찰에 고발하는 언론설명회를 하고 있다.
민간발주 공사에서 담합한 수주업자들을 최초로 고발한 사건이었는데, 일본 공정위는 담합행위에 대해 검찰에 고발하는 건수가 한 해 평균 0.6건일 정도로 매우 신중하다.
출처 : www.yahoo.co.jp 검색.

경제에 미치는 영향과 기타의 사정을 감안하여 이를 불문으로 할 것인지 혹은 이에 대해 행정적 조치를 집행할지 아니면 형사 처벌을 위하여 이를 고발할지에 대한 결정을 하는 재량권"이 독점규제법 운용기관인 공정거래위원회에 있다고 판단하고 있다.[23]

검찰은 전속고발제도의 취지를 고려하고 있다는 점을 밝히고 있다. 2005년 독점규제법 개정에 대한 국회 심의에서 법무성 형사국장은 담합을 자진 신고한 경우에 형사 소추를 면제하는지와 관련하여 답변하며 "공정거래위원회에 대해서는 전속고발제도가 인정되고 있는 취지에 입각하면 공정거래위원회가 형사 고발을 하지 않았다는 사실을 검찰관은 십분 고려하고 있는 것"이라고 답변했다.[24]

일본의 경우 공정거래위원회가 경제 분야 전문기관으로서 고발 기준에 따라 고발 여부를 판단하고, 전속고발제도의 취지에 따라 고발하거나 고발하지 않는다. 그리고 학설과 판례는 이러한 공정거래위원회의 판단을 재량권 대상이라고 존중하는 입장이다. 검찰은 전속고발제도가 인정되고 있는 취지에 입각하여 사건을 처리하고 있다. 일본의 전속고발제도는 법제정부터 현재에 이르기까지 계속 이렇게 운영되어 왔다.

2장. 독일의 독점규제법 제정과 집행

독일은 미국의 독점규제법이 전파된 두 번째 국가였다. 제2차 세계대전에서 패전하는 바람에 미국 점령정책의 일환으로 법제정의 단초가 마련된 점은 일본과 차이가 없었다. 그렇지만 독일은 미국의 반트러스트 제도를 거의 그대로 수용하지 않았다. 독일은 이미 독점규제법을 이론적으로 연구한 경험이 있었고, 이를 바탕으로 자국의 경제 현실에 적합한 법제정을 시도했기 때문이다.

2.1. 카르텔의 번창과 해체

18세기 중엽 시작된 제1차 산업혁명은 기술문명의 급속한 발달과 함께 사적 자치와 영업의 자유를 확대시켜 나갔다. 이에 따라 상공업자를 중심으로 동업자조합의 형태로 운영돼온 길드Guild가 점차 폐지되는 운명을 맞았다. 그런데 이번에는 사적 자치가 과잉 설비와 불황을 초래하기도 했고, 경쟁의 자유를 제한하는데 사용되기도 했다. 영업의 자유가 도입되면서 불황으로 오히려 영업의 자유를 제한하는 카르텔이 양산되기도 했다. 그리고 카르텔은 불황의 산물Kinder der Not이라는 인식이 널리 퍼졌다.[25]

독일은 1870년대 중반의 불황기를 거쳐 제1차 세계대전에서의 패전을 경험하면서 카르텔을 금지하지 않고 남용만을 규제하게 됐다. 대표적인 것이 1923년의 소위 카르텔규제령Kartellverordnung이라고 불리는 〈경제력남용 방지령〉이었다. 이처럼 카르텔에 대한 규제가 느슨해지면서 1930년대 초 2천~4천개 정도의 카르텔이 존재했다고 한다. 이후 나치가 정권을 획득하고 1933년에 카르텔 강제법을 제정하여 카르텔이 정부의 보호를 받으며 발전했다.[26]

2차 세계대전이 끝난 뒤 패전국의 분할 점령을 논의한 포츠담 회담(1945년 7, 8월)에서 미국, 소련, 영국의 대표들은 패전국인 독일이 두 번 다시 이웃 국가나 세계평화를 위협하는 일이 없도록 한다는데 합의했다. 그리고 '독일의 4D', 즉 비군사화Demilitarisierung, 군수산업 해체Demontage, 탈나치스화Denazifizierung, 민주화Demokratisierung를 실현하기로 했다.[27] 그래서 미국과 영국의 군정당국은 카르텔로 조직화된 독일 경제를 단기간에 해체하기 위해 1947년 1월 28일 소위 카르텔해체법이라고도 불리는 〈독일의 과도한 경제력집중의 억제 및 금지에 관한 법률〉 제56호 및 명령 제78호를 제정했다.

이 법에서 몇 개 일반 조항의 성격을 가진 규정들은 경쟁을 제한하는 합의를 금지하는 것이었다. 그러한 내용과 입법 기술은 미국 반트러스트법의 영향을 강하게 받은 것이었다. 이 법은 독일인에게 익숙하지 않은 법률 용어와 법 기술을 사용하여 여러 가지 문제점을 초래했지만 두 가지 측면에서 독일 경쟁정책의 전환에 기여했다고 평가된다.[28] 첫째는 독일에 최초로 카르텔을 원칙적으로 금지하는 계기가 됐다. 19세기 후반 이래 계속돼온 카르텔 시대가 종언을 고하게 됐다. 둘째는 독일에서는 생소한 자유 경쟁이라는 사고방식이 독일에 전파되는 기회가 됐다.

2.2. 독점규제법 제정을 위한 2개의 기초
독일에서는 2차 대전 이전부터 미국식 사고와는 별개로 새로운 경쟁법을 모색하는 움직임이 있었다. 대표적으로 발터 오이켄Walter Eucken, 프란츠 뵘 Franz Boehm, 레온하르트 믹쉬Leonhard Miksch 등이었다. 이들은 1948년 창간한 기관지 오르도Ordo, 라틴어로 '질서' 혹은 그들이 학문을 연구했던 프라이부르크대학의 이름에서 질서자유주의자Ordo-Liberalen 또는 프라이부르크학파 Freiburger Schule라고 불렸다.

질서자유주의자들은 시장경제가 자유방임으로 유지될 수 없다고 보았고, 경제 질서와 정치 질서 등 질서정책의 핵심적인 상호관계를 강조했다. 경제적인 힘이 민주주의 국가를 위협할 수 있는데, 특히 시장경제의 힘이 국가를 간섭하고 정치적인 힘으로 등장하면 더욱 그러했다. 그러므로 이들은 경제적 힘의 생성과 남용을 저지하기 위해서는 질서정책들 간에 상호관계를 유지하는 경제정책이 필요하다고 보았다.[29]

그래서 질서자유주의자들은 질서에 대한 요구를 구체화하여 한편으로

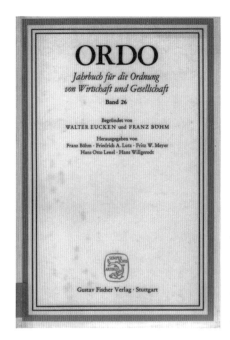

발터 오이켄(Walter Eucken), 프란츠 뵘 (Frantz Boehm)이 1948년 공동 창간하여 현재까지 계속 발간되고 있는 '오르도'(Ordo; 라틴어로 '질서'를 의미) 간행물의 26권 표지. 이들은 질서자유주의자라고 불렸는데 시장경제가 자유방임으로 유지될 수 없으며, 시장경제의 힘이 국가를 간섭하고 정치적인 힘으로 등장하면 민주주의 국가를 위협할 수 있다고 보았다. 출처 : Google 검색.

개인들에게 최대한 자유로운 공간을 보장해주고, 다른 한편으로 경쟁이 적절하게 유지되도록 국가가 직접 국민경제에 개입하고 배려해야 한다고 생각했다. 따라서 이들은 국가가 경쟁을 보호하는 임무를 부담해야 한다는 '사회적 시장경제Soziale Marktwirtschaft'의 사고방식을 가지고 있었다. 이러한 관점에서 이들은 폰 미제스von Mises, 폰 하이에크von Hayek, 뢰프케Roepke 등과 같은 자유주의자들과는 다른 그룹이었다.

이러한 질서자유주의자들의 연구 경험은 독일 독점규제법을 형성하는 뿌리가 됐다. 그리고 연합국 군정당국이 제정했던 카르텔해체법은 독일의 독점규제법이 새로 제정되기 전까지는 계속 효력을 발휘했다. 질서자유주의자와 카르텔해체법은 독일 독점규제법을 형성하는 2개의 기초였던 것이다.[30]

2.3. 독점규제법의 제정

1948년 무렵 독일 경제의 운영 주체가 연합국으로부터 독일 측으로 이관되면서부터 독점규제법 제정 움직임이 활발해졌다. 1949년 7월 요스텐Paul Josten을 위원장으로 하는 전문가위원회는 오랜 연구 끝에 요스텐 법안을 마련하여 에르하르트Ludwig Erhard 경제성장관에게 제출했다. 이 법안에는 질서자유주의자의 시각에서 카르텔의 절대 금지, 독점에 대한 광범위한 감시제도, 기업결합 규제와 기업분할제도가 포함됐다. 그런데 이 법안은 지나치게 엄격한 내용이었기 때문에 채택될 수 없었다.[31]

독일 정부는 1949년 이후 에르하르트 장관 주도하에 10여개나 되는 초안을 만들었지만 실질적으로 초안이 발표된 것은 1951년 이었다. 그리고 1952년에 만들어진 정부 초안은 요스텐 법안과 질서자유주의의 사고를 기초로 하면서도 실무적으로 실행 가능한 내용이 포함됐다. 이 초안은 거의 예외 없는 카르텔 금지 원칙, 시장 지배적 지위의 남용에 대한 감시, 시장

지배를 초래하는 기업결합에 대한 허가 의무를 포함했다. [32]

정부 초안에 대해 의회와 학계에서는 주로 카르텔 금지 원칙과 관련하여 십중 논의했다. 카르텔을 원칙적으로 금지하는 것은 헌법 위반이라는 견해가 제시되거나, 원칙 금지보다는 남용되는 경우에만 규제하자는 입장이 있었다. 이에 대해 정부는 카르텔의 원칙 금지를 유지하면서 예외 범위를 확대하는 것으로 절충했다.

시장지배적지위의 남용에 대한 감시제도는 변경 없이 정부 초안대로 유지됐다. 그런데 기업결합 규제에 대해서는 경제발전을 저해할 우려가 있다며 산업계와 연방 의회가 강하게 반대하는 바람에 법안에서 제외됐다. 아

에르하르트(Ludwig Erhard)는 독일연방공화국(서독)의 경제성장관을 14년(1949~1963) 동안 역임한 뒤, 1963년 수상까지 오르며 전후 독일의 경제부흥을 이끌었고, 독일 〈경쟁제한방지법〉 제정에도 참여했다.
그는 "독일의 경제역사에서 카르텔이 가장 번창했을 때처럼 실업이 많았던 적이 없었다. 카르텔은 언제나 더 낮은 생활수준을 가져왔을 뿐이다"라며 법집행에도 적극적이었다. 출처 : Google 검색.

울러 운수, 농업, 은행·보험, 에너지 등과 같은 산업이 통째로 법적용 제외 대상으로 결정됐다. 이렇게 마련된 법안이 마침내 1957년 7월 27일 통과됐고, 1958년 1월 1일부터 시행됐다.[33]

이로써 미국의 반트러스트법을 모델로 한 독일의 독점규제법인 〈경쟁제한방지법Gesetz gegen Wettbewerbsbebeschraenkungen; GWB〉 제정이 마무리됐다. 독일이 일본보다 10년 정도 늦었는데, 이는 독일의 경우 일본과는 달리 독일인의 손으로 독점규제법을 제정해보려는 경위가 있어서였다고 하겠다.[34]

한편, 독일은 〈GWB〉에서 카르텔, 시장지배적지위 남용, 기업결합을 규제하고, 〈부정경쟁방지법Gesetz gegen unlauteren Wettbewerb; UWG〉에서 보이콧Boycott; 거래 거절, 차별행위, 약탈적 가격책정 등을 규제하고 있다. 그래서 독일에서는 〈GWB〉를 카르텔법, 〈UWG〉를 경쟁법이라고 하는 것이 일반적이다. 그렇지만 다른 나라에서는 〈GWB〉와 같은 독점규제법을 경쟁법이라고 하는 점에 유의할 필요가 있다.[35]

2.4. 독점규제법의 개정

독일의 〈경쟁제한방지법GWB〉은 현재까지 모두 9차례에 걸쳐 개정됐다.[36] 개정의 기본방향은 독점규제정책을 강화하는 내용이었고, 변화된 경제 현실을 반영하거나 중소기업 보호 등을 위한 정책수단을 포함하기도 했다.

1965년 1월 제1차 개정은 카르텔의 적용제외를 일부 허용하면서 시장 지배적 사업자의 남용 규제와 재판매가격 유지행위에 대한 규제를 강화했다. 1973년 제2차 개정은 대규모 개정이었는데, 최초 〈GWB〉 제정 시 의회 등의 반대로 제외됐던 기업결합 규제가 도입됐다. 출판물에 대해서만 재판매가격 유지행위를 허용하고 다른 상품에 대해서는 적용제외를 폐지했다. 시장지배적지위 남용에 대한 규제를 강화하여 시장지배적지위의 판단요인과 추정 규정을 도입하고 차별적 취급 규정을 개정했다. 연방최고재판소에 의해 카르텔에 해당하지 않는 것으로 판단됐던 상호 동조적 행위를 카르텔 규제대상으로 개성했다.

1976년 제3차 개정에서는 신문·출판업에 대한 기업결합 규제에 특칙을 설정했다. 1980년 4월 제4차 개정도 대규모 개정이었는데 먼저 기업결합 규제를 더욱 강화했다. 시장지배적지위 남용의 규제에서 예시 규정을 설정하는 방법으로 규제를 강화했다. 구매력 남용을 규제하고, 중소기업에 대해 대기업이 행하는 방해 및 차별행위에 대한 규제를 강화했다. 〈GWB〉가 중소기업의 보호를 경쟁정책의 목적으로 포함시켰다는 점도 중요했다.

또한 1989년 12월 제5차 개정은 방해·차별 규제를 강화하고 대규모 소매업자, 특히 식료품 소매업자에 대한 규제를 강화했다. 적용제외 산업, 특히 금융·보험업에 경쟁원리를 광범위하게 도입했다. 기업결합 규제에 대해서도 약간의 개정이 있었다.

1998년 제6차 개정은 경쟁원리의 강화, EU경쟁법과의 조화, 규정의 정리·간소화 등을 목적으로 〈GWB〉 조문을 전면적으로 개편했다. 특히 경쟁원리의 강화와 관련하여 EU경쟁법의 규제가 독일법보다 엄격한 경우에는 원칙적으로 독일법을 개정했다. 예컨대 카르텔 체결이 금지되지는 않고 무효화했던 독일법의 기존 규정을 바꿔 카르텔 체결 자체를 금지하는 것으로 개정했다.

아울러 2005년 제7차 개정은 독일에서 오랫동안 유지돼 왔던 수평적 경쟁제한과 수직적 경쟁제한을 구분하지 않도록 했다. 또 시장지배적지위 남용에 대한 시정조치로 기업 분할을 포함한 구조적 조치를 할 수 있도록 했다. 석유, 전기, 가스 등 분야의 시장지배적사업자에 대하여 가격 착취행위 등을 금지하는 특칙이 5년 시한으로 도입되기도 했다.

2012년 12월 제8차 개정에서는 기업결합 규제에서 유럽 합병규제와의 차이를 줄이기 위해 시장지배력 기준을 유효경쟁의 실질적 제한이라는 기준으로 일치시켰다. 중소 언론사의 경쟁 여지를 넓히는 한편 의료조합의 경쟁제한행위에 대해서 법적용이 가능하도록 했다. 석유, 에너지 분야의 가격 착취행위 등을 금지하는 특칙의 시한을 5년간 다시 연장했다.

또한, 사적 집행을 강화하는 차원에서 일정한 사업자단체 외에 소비자단체도 소송을 통하여 다수의 소비자가 관련된 카르텔에 대한 금지 청구와 부당이득 환수 청구를 할 수 있도록 했다. 에너지 분야에서 과도한 요금 책정과 같은 방법으로 사업자가 부당하게 얻은 이익을 소비자에게 반환하도록 명할 수 있는 부당이득 반환명령권을 규정했는데, 이것은 연방대법원 판결을 수용한 것이었다.

마지막으로 2017년 6월 제9차 개정에서는 디지털경제의 발전에 효과적으로 대응할 수 있도록 시장지배력 판단에 있어서 네트워크 효과, 데이터에 대한 접근 가능성, 혁신 잠재력으로 인한 경쟁 압력 등을 고려 요소로 도입했다. 기업결합 규제에서 거래 금액을 반영하는 기준을 새로 도입했고, 독점규제법 위반행위에 대한 손해배상에 관한 EU의 지침을 독일법에 적용하도록 했다. 소비자에게 중대한 경제적 피해를 야기할 우려가 있는 산업 분야에 대한 조사권한을 규정했다. 중요 경제범죄를 저지른 기업이 공공입찰에 참가할 수 없도록 하기 위하여 계약기관이 입찰 참가기업의 관련법 위반 여부 등을 온라인으로 확인할 수 있는 제도를 도입했다.

2.5. 집행기구 '연방카르텔청' 설치

독일 〈경쟁제한방지법(GWB)〉은 집행기구와 집행절차에 대해서도 규정했다. 법집행기구로 연방카르텔청Bundeskartellamt이라는 행정기관을 1958

년 설치했다. 독일은 미국의 FTC나 일본의 공정거래위원회와 같은 위원회 조직이 아니라 청장을 수장으로 하는 독임제 행정조직을 선택했다.

나중에 독점규제법이 세계로 확산되면서 모든 국가들은 예외 없이 별도의 집행기구를 설치했는데, 크게 나누어 위원회 또는 독임제 유형 중에서 하나를 선택했다. 독일의 조직 형태는 다른 국가들이 선택하는 하나의 조직 모델이 됐던 것이다.

연방카르텔청은 연방정부 차원에서 구체적인 사건에 대한 위법 여부를 판단하여 〈GWB〉를 집행하는 기관이었다.[37] 그런데 〈GWB〉 적용에는 시장이나 경쟁 등과 같은 경제학상의 개념은 물론 남용이나 부당성 등과 같은 불확정 개념들이 많이 사용됐다. 그리고 사건은 산업 분야별 또는 업종별로 전문화된 심결부Beschlußabteilungen의 의결을 거쳤는데, 위법 여부를 판단하는 기관이므로 법원에 준하는 독립성을 갖춰야 했다. 그러므로 연방카르텔청은 전문성과 독립성을 갖춘 별도의 행정기관이었지만 다른 통상의

독일 연방카르텔청(Bundeskartellamt)의 기관 문양.
연방카르텔청은 연방경제성 소속의 행정기관으로 1958년 설치되어 〈경쟁제한방지법(GWB)〉을 집행한다. 독일은 〈GWB〉에 형벌 규정이 없어 연방카르텔청의 행정제재만으로 집행되고, 조직도 위원회 형태가 아니라 청장을 수장으로 하는 독임제(獨任制) 형태라는 특징이 있다. 출처 : www.bundeskartellamt.de 검색.

독일 연방카르텔청 초대 귄터(Eberhard Goenther) 청장은 18년 동안(1958~1976) 재임했다.
연방카르텔청장은 임기 제한이 없는 사실상 종신직인데, 1958년 이후 현재까지 청장은 모두 6명이었다. 조직의 전문성과 독립성을 보장하기 위한 방안이라고 하겠다. 출처 : Google 검색.

행정기관과 달리 엄격한 위계질서를 갖춘 조직체계가 아니었다.

　연방카르텔청장은 임기 제한이 없는 사실상 종신직인데, 1958년 이후 현재까지 단 6명만이 청장으로 재직했다. 초대 귄터Eberhard Goenther; 1958~1976 청장은 18년 재직했고, 2대 청장 카르테Wolfgang Kartte; 1976~1992는 16년, 볼프Dieter Wolf; 1992~1999는 7년, 뵈게Ulf Boege; 1999~2007는 8년 재직했다. 이어서 하이처Bernhard Heitzer; 2007~2009[38] 청장은 2년 재직하다 연방경제성 장관이 됐고, 6대 문트Andreas Mundt; 2009~현재 청장은 11년 이상 재직하고 있다.

　그리고 연방카르텔청은 당초 베를린Berlin에 설치했으나, 독일 통일 이후인 1999년 본Bonn으로 옮겼다. 독일의 행정수도가 베를린으로 이전함에 따라 본에도 일부 행정기관을 존치시킨 결과였다. 이에 대해서 다른 기관으로부터 연방카르텔청의 독립성이 확보되도록 행정수도에서 멀리 떨어진 곳으로 옮긴 것이라는 일부 견해도 있다. 연방카르텔청장의 무제한 임기나 행정관청의 소재지 변경 등이 조직의 독립성 확보를 위한 노력으로도 이해

독일 본(Bonn)에 위치한 연방카르텔청 전경.
당초엔 베를린에 있었다가 1999년 행정수도가 베를린으로 이전하며 본으로 옮겼다. 기관의 독립성이 확보되도록 수도에서 멀리 떨어진 곳으로 이전했다는 일부 시각도 있다. 출처 : www.bundeskartellamt.de 검색.

할 수 있을 것이다.

한편 연방카르텔청은 연방경제성의 소속기관인데, 연방경제성은 불특정 다수의 사건처리를 위한 일반적인 지시를 하거나 법령의 해석지침을 내리는 방식으로 연방카르텔청을 감독한다. 그러므로 연방경제성은 법위반행위의 조사 및 제재에 관한 한 아무런 고유권한이 없고, 연방카르텔청이 경쟁 제한적이라고 판단한 기업결합에 대해 예외적으로 장관이 허가를 내릴 수 있을 뿐이다. 이와 관련하여 연방경제성이 특정 사건에 대해 연방카르텔청에 지시를 할 수 있는지 여부는 〈GWB〉에 명문의 규정은 없지만 다수설은 연방카르텔청의 독립성을 보장한다는 차원에서 이를 부정하고 있다.[39]

2.6. 행정절차를 통한 집행절차 확립

독일 〈GWB〉에 의한 법집행절차[40]는 행정절차, 벌금절차 그리고 민사절차로 나눌 수 있는데, 대부분 연방카르텔청에 의한 행정절차로 이루어진다. 연방카르텔청은 행정기관이지만 경제분야의 법위반 사건을 처리하는 절차는 다분히 사법절차와 유사하다. 이러한 집행절차에 대해서는 〈GWB〉에 상세한 규정을 두고 있고, 규정이 없는 경우에는 행정절차법이 보충적으로 적용된다.

〈GWB〉 집행이 행정절차로 이루어지므로 연방카르텔청은 이해관계자의 신고 또는 직권으로 필요하다고 판단되는 경우 조사를 할 수 있다. 경쟁당국이 나름의 검찰권을 가지며, 직접 또는 경찰을 통하여 필요한 모든 조사를 할 수 있다. 조사에 투입하는 인력은 조사대상과 범위에 따라 결정되는데 연방카르텔청에 따르면 대규모 인력이 투입된 20건의 조사에서 연방카르텔청과 경찰당국의 인력 50~921명이 참가하기도 했다.

연방카르텔청과 같은 경쟁당국(각 주의 카르텔청 포함)은 조사 결과에 따라 위법이 인정되는 경우 사업자나 사업자단체에 대해 시정명령을 할 수 있다. 시정명령에는 법위반행위의 중지가 포함된다. 또한 경쟁당국은 긴급한 필요에 따라 직권으로 가처분 조치를 내릴 수 있다. 아울러 처분의 원활한 집행을 위해 행정집행법에 따라 이행강제금을 부과할 수도 있다.

경쟁당국은 행정제재로 법위반사업자에게 형사벌의 성격을 갖는 벌금을 부과할 수도 있다. 벌금은 이미 발생한 법위반행위에 대한 제재의 기능과 불법행위로 얻은 부당이득을 환수하는 기능으로 해석되고 있다. 〈GWB〉 위반에 대한 제재는 1998년 6차 개정으로 정비됐는데, 경쟁당국이 행위중지 처분을 송달한 이후에도 사업자가 고의 또는 과실로 초과 매출을 거둔 경우에 초과 매출 상당액의 납부를 명할 수 있다. 또한 질서 위반행위를 했을 때 유형에 따라 100만 마르크 또는 초과 매출액의 3배 금액을 부과할 수 있고, 혹은 5만 마르크 이하의 과태료로 재재할 수 있다.[41]

그리고 독일의 경우 〈GWB〉와 달리 불공정행위를 규제하는 〈부정경쟁방지법UWG〉은 주로 위반행위로 피해를 입거나 입을 우려가 있는 자의 사소私訴를 통하여 집행된다. 과징금이나 벌금 등의 공적 제재는 오인을 유발한 광고나 영업비밀의 침해, 타인 기술의 유용 등에 한하여 부과될 수 있다.[42]

경쟁당국의 처분에 대하여 사업자가 불복하는 경우에는 해당 사업자가 소송을 제기할 수 있다. 불복 소송은 해당 경쟁당국의 소재지를 관할하는 연방고등법원Oberlandesgericht이 전속관할권을 갖는다. 그러므로 연방카르텔청의 처분에 대해서는 연방카르텔청이 소재하는 본Bonn을 관할하는 뒤셀도르프 고등법원이 전속관할권을 갖는다. 또한 불복 소송에서 항소법원이 내린 판결에 대하여 당초 소송을 제기했던 자는 해당 항소법원의 허가를 얻어 연방 대법원에 상고Rechtsbeschwerde 할 수 있다.[43]

한편, 독일 〈GWB〉의 경우 위반행위에 대한 제재로 형벌 규정이 없다. 다만, 입찰 담합에 대해서만 형법에서 처벌 규정을 두고 있을 뿐이다.[44] 그러므로 독일에서는 〈GWB〉 집행에 검찰과 같은 수사기관이 직접 개입할 여지가 없다. 그리고 형벌 규정이 없으므로 일본에서 도입한 것과 같은 전속고발제도에 대해 고려할 필요가 없다.

2.7. 급속한 경제 발전과 엄격한 법 집행

독일은 2차 대전 이전까지 카르텔과 콘쩨른Konzern으로 대표되는 국가였다.[45] 동일 시장에서 경쟁해야 할 기업들이 카르텔에 참가하거나 서로 다른 업종이나 산업의 기업들이 출자 등 자본의 제휴를 통해 대규모 기업집단을 형성하여 독점력을 발휘하는 콘쩨른을 형성하여 국가 경제의 파탄과 국민

생활의 고통을 초래했다.

1945년 패망 이후 승전 연합국들의 지배하에 놓였던 독일에서 중요한 과제는 경제 질서를 확립하는 것이었다. 그런데 연합국 중에서 미국, 영국, 프랑스의 서방 3개국과 소련의 이해가 서로 달랐다. 결국 1949년 서방 3개국은 서독 지역에서 독일연방공화국BRD, 소련은 동독 지역에서 독일민주공화국DDR의 출범을 지켜봐야 했다.

서독은 아데나워Konrad Adenauer 수상의 확고한 지도력을 바탕으로 전쟁으로 파탄 난 경제 재건을 시도했다. 경제부장관으로 임명된 에르하르트Ludwig Erhard는 시장경제원리와 사회보장제도를 결합한 사회적 시장경제를 추구했다. 또한 동서 냉전의 분위기 속에 미국이 마샬 플랜을 통해 제공한 대규모 원조를 받았다. 서독은 통화개혁에 성공하여 시장 기능을 회복했으며, 동독으로부터의 대규모 난민 유입으로 풍부한 노동력이 공급돼 서독 경제는 급속히 발전했다.

서독 경제는 1950년대에 8%에 육박하는 경제성장률을 기록하며 '라인강의 기적'을 이뤘다. 당시 서독 경제의 발전과 국민 생활수준의 향상을 보여주는 상징이 자동차 보급이었다. 폭스바겐에서 생산된 딱정벌레 자동차는 1960년에 약 400만대가 서독의 거리를 누볐다. 이러한 독일의 경제 발전 덕분에 1990년 통일의 후유증을 무난히 극복하고 독일은 유럽의 경제 강국으로 입지를 굳혔다.

1949년 이후 독점규제법 제정을 주도한 에르하르트 경제부장관은 "독일의 경제역사에서 카르텔이 가장 번창했을 때처럼 실업이 많았던 적이 없었다. 카르텔은 언제나 더 낮은 생활수준을 가져왔을 뿐이다"[46]라고 역설했다. 이러한 정책적 의지를 바탕으로 독일은 국가 경제에 완전히 새로운 시장경제 질서를 확립하기 위해 제정한 〈GWB〉를 오늘에 이르기까지 엄정히

동서냉전과 마셜 플랜(Marshall Plan)

미국은 제2차 세계대전 이후 황폐화된 유럽의 동맹국들을 지원하기 위해 유럽부흥계획European Recovery Plan을 세웠는데, 당시 미국의 국무장관이었던 마셜George C. Marshall이 제창했기 때문에 마셜 플랜이라고 한다. 미국은 이 계획에 따라 1947년부터 4년간 총 130억 달러에 달하는 막대한 규모의 경제적·기술적 지원을 했다. 그래서 서유럽 국가들은 빠르게 경제 재건에 성공할 수 있었고, 미국과의 연대를 굳건히 다졌다.

결과적으로 마셜 플랜은 북대서양조약기구NATO와 함께 서유럽 국가들의 동맹을 강화하여 자유주의 체제를 지켜냈다. 즉, 미국을 중심으로 한 자본주의 국가들은 동서 냉전이 심화되는 가운데서도 서유럽으로 진출하려던 소련의 계획을 저지하는 것은 물론 경제, 외교, 안보 분야에서 소련을 중심으로 한 공산권 국가들보다 확실한 우위를 확보하게 됐다.

집행해 오고 있다.

이러한 독일의 엄정한 법집행 역사는 한국이 1980년 공정거래법을 제정하는데 영향을 미치기도 했다. 당시 한국은 법제정을 목전에 두고 유럽 각국을 방문하여 독점규제제도의 운영실태를 파악했는데, 특히 독일의 독점규제정책이 경제를 부흥시킨 중요한 요인의 하나였다고 파악했다.[47]

미주

1 공정거래위원회·한국개발연구원,『공정거래 10년 -경쟁정책의 운용성과와 과제-』, 1991.4, 373~374쪽.

2 고토 아키라(後藤晃)·스즈무라 고타로(鈴村興太郎) 편저, 정병휴 역,『일본의 경쟁정책』, FKI미디어, 서울, 2000.6, 23~24쪽, 27~28쪽.

3 田中誠二, 菊地元一, 久保欣哉, 福岡博之, 坂本延夫,『コンメンタール 獨占禁止法』, 勁草書房, 東京, 1981, 2~3쪽.

4 카임(Poscy T. Kime)은 1942년부터 미국 법무성 반트러스트국(Antitrust Division)에서 근무하다 2차 대전이후 일본에 1년간 근무하며 일본의 독점규제법 초안을 기안했다.

5 고토 아키라(後藤晃)·스즈무라 고타로(鈴村興太郎) 편저, 정병휴 역, 앞의 책, 29~30쪽.

6 平林英勝, "獨占禁止法制1條の起草過程とその背景および意義", 筑波ロー·ジャナル, 2007.3 創刊號, 41~42쪽.

7 에드워즈 재벌조사단은 노스웨스턴대학 경제학과 Corwin D. Edwards 교수를 단장으로 하여 법무성, FTC, 증권거래위원회, 관세위원회 대표를 포함한 8명으로 구성됐다.

8 田中誠二, 菊地元一, 久保欣哉, 福岡博之, 坂本延夫, 앞의 책, 4쪽.

9 泉水文雄, 西村暢史, "原始獨占禁止法の制定過程と現行法への示唆 -公取委の組織, 司法制度, 損害賠償, 刑事制度-", 18쪽. 이 자료는 일본의 원시 독점금지법 제정 과정에 관한 방대한 자료를 종합하여 정리한 306쪽 분량의 논문임. 다른 자료는 필자 순서가 반대로 된 西村暢史, 泉水文雄, "原始獨占禁止法の制定過程と現行法への示唆", 競爭政策研究センタ共同研究, 2006년 9월 논문이 있고, 154쪽 분량임.

10 泉水文雄, 西村暢史, 앞의 논문, 11쪽.

11 黒野將大, "獨立行政委員會の中立性と獨立性「强い首相」下の權力分立-", 一橋ロー·レビュー, 第4号, 2020年 6月, 37~38쪽.

12 이에 대한 많은 논란은 泉水文雄, 西村暢史, 앞의 논문, 11~28쪽 내용을 요약한 것임.

13 이 논란은 泉水文雄, 西村暢史, 앞의 논문, 76~115쪽 내용을 요약한 것임.

14 泉水文雄, 西村暢史, 앞의 논문, 259~279쪽. 이 논문의 제6장 제2절에서 전속고발제도 도입 과정을 자세히 기술하고 있는데 이 부분을 요약한 것임.

15 다만, 불공정거래행위에 대해서는 원시 독점금지법에서부터 형벌을 규정하지 않았다. 미국 측은 주로 〈FTC법〉 위반행위에 형벌을 부과하는 것은 부적절하다는 입장이었다. 반면 일본 측은 모든 위반행위에 공통적으로 형벌규정이 필요하다는 입장이었다. 여러 차례의 논의를 거쳐 미국 측 의견이 받아들여져 불공정거래행위에서 형벌규정이 빠졌다. 이것은 위법성이 상대적으로 무거운 카르텔, 사적 독점과 같은 위반행위에는 형벌을 규정하면서 위법성이 가벼운 불공정거래행위에는 형벌 규정을 제외한 것으로 이해할 수 있다. 이에 대해서는 홍순강, "일본 독점금지법상 불공정한 거래방법과 형벌 규정의 고찰", 경쟁저널 제173호, 2014.3, 한국공정경쟁연합회, 4~5쪽 참조.

16 OECD 회원국 34국 중 독점규제법 위반행위에 대해 형사 벌칙을 규정하지 않은 21개

국가는 독일, 터키, 헝가리, 이태리, 슬로바키아, 벨기에, 폴란드, 호주, 멕시코, 뉴질랜드, 핀란드, 네덜란드, 스페인, 포르투갈, 스웨덴, 룩셈부르크, 스위스, 슬로바니아, 칠레, 에스토니아, 체코 등이다. 형사 벌칙을 규정한 국가는 13개국인데, 이 중 5개국(오스트리아, 덴마크, 아이슬란드, 캐나다, 영국)은 카르텔에 대해서만 규정하고, 2개국(프랑스, 아이슬란드)은 카르텔과 시장지배적지위 남용행위에 대해서 규정하고, 5개국(미국, 일본, 그리스, 노르웨이, 이스라엘)은 카르텔, 시장지배적지위 남용행위, 경쟁제한적 합병에 대해서 규정하며, 한국은 카르텔, 시장지배적지위 남용행위, 경쟁제한적 합병, 일반 불공정거래행위 등 모든 법위반행위에 대해 형사 벌칙을 규정하고 있다.

17 1985년 9월 미국, 영국, 프랑스, 독일 및 일본(G5)의 재무장관들이 달러화의 가치 하락을 유도하기 위해 공동으로 외환시장에 개입하기로 미국 뉴욕의 플라자호텔에서 합의했다. 이 플라자 합의 이후 2년간 엔화와 마르크화는 달러화에 대해 각각 65%와 57%나 절상됐다. 그러나 그 이후 달러화의 가치 하락에도 불구하고 미국의 경상수지 적자는 개선되지 못했다.

18 공정거래위원회 국제업무과, 『미일구조협의(SII) 2차 연례보고서』, 공정거래위원회 내부자료, 1992.12. 이 자료는 "日米構造問題協議フォロ-アップ, 第2回 年次報告, 平成 4年7月30日" 전체를 번역한 것임.

19 鈴木孝之, "獨占禁止法における刑事罰制度の機能", 白鷗大學法科大學紀要 第4号, 2010年 10月, 48~49쪽.

20 홍순강, "일본 독점금지법과 형사 고발 ; 경쟁당국의 전속고발권을 중심으로", 경쟁저널 제193호, 2017.11, 5쪽.

21 홍순강, 앞의 논문, 7쪽.

22 리니아쥬오신간센(リニア中央新幹線) 건설공사 입찰 담합사건이다. 이 사건에서 오바야시(大林組), 시미즈(淸水), 타이세이(大成), 카지마(鹿島) 등 4개 대형 건설사는 도쿄시내 음식점에 모여서 JR토카이(JR東海) 측이 제시한 견적금액을 사전에 조정하고 수주 예정자를 결정하는 내용으로 담합했다. 이에 대해 일본 공정위는 2018년 3월 23일 4개 법인과 2명의 임원을 도쿄지검특수부에 고발했는데, 각 언론은 민간발주 공사의 입찰에서 담합한 수주업자들을 처음으로 독점규제법 위반으로 고발했다고 크게 보도했다. 한편, 고발한 이유에 대해 공정위 마부치 히로시(真渕博) 특별심사장은 "공사 규모가 크고, 피고발회사들이 과거에도 법위반으로 형사벌이나 행정처분을 받은 적이 있으며, 공사가 재정투융자 사업이어서 고도로 공공적인 재화・서비스이므로 국민생활에 광범위한 영향을 미치는 악질적이고 중대한 사안이었다."고 언론설명회에서 밝혔다.

23 ラップカルテル刑事事件, 東京高判 平成5・5・21, 判例時報 1474号 31頁. (日本經濟法學會, 『獨占禁止法 改正』, 日本經濟法學會 年報 第26号(通卷 48号), 有斐閣, 2005.9, 40쪽에서 재인용.), 홍순강, 앞의 논문, 4쪽.

24 公取委, "塩ビ管のカルテル疑惑 刑事告發を斷念; 化學業界の話題", 2008.5.8., 4~5쪽. (http://knak.cocolog-nifty.com/blog/2008/05/post_d227.html 검색).

25 이봉의, 『독일경쟁법』, 법문사, 서울, 2016, 14~15쪽.

26 泉水文雄, "ドイツにおける競爭政策 -1998年の第6次改正とその後-", 출처 미상(인터넷 검색), 1쪽.

27 서울대학교 독일학연구소, 『독일 이야기 1 독일어권 유럽의 역사와 문화』, 기획출판 거름, 2005, 146쪽.

28 이봉의, 앞의 책, 24쪽, 泉水文雄, 앞의 논문, 1쪽.

29 Norbert Eickhof, "독일의 경쟁정책 -역사적 출발, 중심적 요소와 국민경제적인 평가-", 유라시아연구, 2004년 제1권 제2호, 229쪽.

30 泉水文雄, 앞의 논문, 2쪽.

31 이봉의, 앞의 책, 25쪽.

32 泉水文雄, 앞의 논문, 2쪽.

33 이봉의, 앞의 책, 26쪽, 泉水文雄, 앞의 논문, 2쪽.

34 田中裕明, "日獨反トラスト法比較 -John O. Haleyの所說を手掛かりに-", 神戸學院法學 第34卷 第1号, 2004年 4月, 289쪽.

35 泉水文雄, 앞의 논문, 4쪽

36 1~6차 개정은 泉水文雄, 앞의 논문, 2~3쪽, 1~8차 개정은 이봉의, 앞의 책, 28~30쪽, 9차 개정은 공정거래위원회 내부자료를 참조.

37 특정 주(Land)의 시장에 대해서만 영향을 미치는 경우에는 해당 주의 경쟁당국이 관할권을 행사하고, 연방카르텔청과 주 경쟁당국 간에는 상호 조사의 통지나 사건의 이첩을 위한 협력시스템이 마련되어 있다.

38 하이처(Bernhard Heitzer) 청장은 2009년 연방경제성 장관으로 임명되어 임기가 다른 청장보다 특히 짧다. 한편 하이처 청장은 전임 뵈게(Boege) 청장의 사망으로 임명된 후임자였다.

39 이봉의, 앞의 책, 276쪽.

40 법집행 절차에 대해서는 이봉의, 앞의 책 283~298쪽 내용을 정리한 것임.

41 泉水文雄, 앞의 논문, 3쪽.

42 이봉의, 앞의 책 301쪽.

43 이봉의, 앞의 책, 305~307쪽.

44 泉水文雄, 앞의 논문, 3쪽.

45 Norbert Eickhof, 앞의 논문, 228쪽 및 237쪽.

46 "There have never been as many unemployed in German economic history as in the period when cartels flourished most strongly. Cartels always have to be paid by a lower standard of living." Ludwig Erhard, 『Wohlstand für alle(모두를 위한 번영)』, Düsseldorf|Vienna, 8th edition, 1964 p.185. 독일 연방카르텔청이 발간한 'Effective cartel prosecution'이라는 소책자 6쪽에서 재인용.

47 경제기획원, 『공정거래 백서 -새로운 경제질서를 향하여-』, 1984, 경제기획원, 54쪽.

제3부

〔한국·중국 등〕
왜 독점규제법을 제정했는가?

미국, 일본, 독일에 이어 영국, 프랑스 등 선진국들이 독점규제법을 제정했고, 개발도상국들도 점차 이 법을 제정했다. 시장경제의 기본질서를 규율하는 법이 필요했기 때문이었다. 어느 나라에서나 경제계를 중심으로 법 제정에 반대가 심했고, 법 관련 기관들 간에 이견이 많았다.

　독점규제법 제정은 물론 이를 집행하는 것이 순탄치 않았고, 그 과정은 시행착오의 연속이었다. 이런 장면이 가장 극적으로 나타났던 대표적인 나라로 한국과 중국을 꼽을 수 있다.

　한국에서는 법제정 과정부터 특별했다. 입법기관인 국회가 없는 상태에서 임시 입법기관이 1980년 공정거래법을 제정했다. 법제정 이후 수 십 차례에 걸쳐 법을 개정했고, 새로운 법 7개를 제정하기도 했다.

　중국에서는 자본주의 원리가 도입되고 독점규제법을 제정했다. 대략 기존에 운영하던 여러 관련법들과 이를 집행하던 3개 기관이 존재했다. 이를 정리하여 독점규제법을 3개로 정비하고, 2018년 3월 집행기구를 1개로 통합했다.

1장. 한국의 공정거래법 제정과 집행

한국은 1960년대 초부터 정부 주도로 경제개발계획을 추진했다. 될성부른 대기업들을 집중 지원해서 급속한 경제성장을 달성했지만 다른 한편으로 독과점의 폐해라는 부작용이 끊임없이 발생했다. 이에 따라 1960년대 중반 이후 수차례 공정거래법을 제정하려고 시도했으나 무산됐다.

경제의 구조적인 어려움이 계속 누적되는 가운데 1979년 말 대통령 시해 사건, 12.12 사태를 거쳐 제5공화국 출범 등이 이어지면서 국민들은 새로운 경제 질서의 형성을 갈망했다. 마침내 공정거래법이 1980년 말 국회를 대신하던 국가보위입법회의를 통과해 제정됐고, 1981년 4월 1일부터 시행됐다. 그리고 법집행기구로 경제기획원 소속의 공정거래위원회('공정위'로 약칭)가 출범했다. 이후 공정위는 1994년 12월 23일 국무총리 소속의 중앙행정기관으로 독립했고, 1996년 3월 8일 장관급 기관이 되어 현재에 이르고 있다.

1.1 공정거래법 제정 시도

한국 경제는 1962년부터 경제개발5개년계획을 본격 추진하면서 발전하기 시작했다. 정부는 농업보다는 공업, 내수산업보다는 수출산업, 중소기업보다는 대기업 중심의 경제정책을 추진했다. 후발국가로서 불가피한 선택이었다. 이러한 개발 전략은 적중하여 외형적으로 큰 성과를 가져왔다. 1962년부터 1980년까지 경제성장률이 연평균 8.5%를 기록했고, 국민총생산은 약 4배로 증가했으며, 수출은 약 4천만 달러 수준에서 약 210억 달러 규모로 대략 518배나 늘었다. 산업구조는 농업중심에서 경공업 중심으로, 다시 중화학공업 중심으로 고도화됐다.[1]

그런데 양적 성장의 이면에 여러 부작용이 발생했다. 산업부문간 불균형이 확대됐고, 구조적인 인플레이션이 만연했다. 또한 시장기능의 왜곡과 독과점적 시장의 고착은 물론 경제력집중의 심화 등과 같은 문제가 누적됐다. 이를 개선하기 위해 공정거래법을 제정하려는 시도가 있었다. 대략 1975년 이전의 입법화 시도와 1976년 이후의 물가안정법 시행으로 크게 나누어볼 수 있다.[2]

우선 1975년 이전에 공정거래법 제정은 여러 번 시도됐다. 1963년 소위 '3분粉 폭리사건'[3]을 계기로 〈공정거래법초안〉이 만들어졌다. 1964년 9월 초안이 발표됐지만, 정부 안팎에서 입법 반대론이 우세하여 국회 제출 이전에 거쳐야하는 국무회의에도 상정되지 못했다. 그러나 이 초안은 공정거래법 제정을 위한 최초의 시도라는 의의가 있다.

그리고 1966년 경제개발 추진으로 인한 인플레이션으로 물가가 급등하자 이에 대한 대책으로 〈공정거래법안〉이 마련됐다. 이 법안은 전문 44조

경제개발시대 경제정책의 산실이었던 옛 경제기획원 광화문청사 건물.
공정거래법 제정안은 이 청사에서 마련됐다. 이 청사는 2012년 12월부터 대한민국역사박물관 건물로 사용 중이다. 경제기획원은 과천청사로 이전했다가 1994년 정부조직 개편으로 재무부와 통합되어 재정경제원이 탄생되면서 역사 속으로 사라졌다. 출처 : naver 검색.

로 작성돼 1966년 7월 국회에 제출되기는 했다. 그러나 경제계의 강력한 반대 속에서 6대 국회의 회기 만료로 자동 폐기됐다. 정부는 거의 동일한 내용의 법안을 1967년 다시 국회에 제출했지만 별다른 진전이 없었다.

이어서 1969년 4월 전문 29조의 〈독점규제법안〉이 만들어졌다. 신진자동차공업(주)의 코로나승용차를 둘러싸고 차관업체가 폭리를 취한 것을 계기로 마련된 법안이었다. 이 법안 역시 시기상조라는 산업계의 적극적인 반대에 밀려 2년을 끌다가 1971년 6월 7대 국회의 회기 만료로 자동 폐기됐다.

폐기 몇 달 후에 세계경제의 불안과 유가 인상 등으로 경제의 안정기조가 흔들리자 대응방안으로 전문 30조의 〈공정거래법안〉이 또다시 마련됐다. 직전에 폐기된 〈독점규제법안〉을 보완하면서 그동안 논의된 내용을 적절히 절충한 법안이었다. 이 법안은 1971년 10월 국회에 제출됐지만 1972년 10 · 17 비상조치로 국회가 해산되면서 좌절됐다.

이처럼 공정거래법 제정은 경제계의 강력한 반대와 국회나 정부의 소극적인 자세[4] 등으로 인하여 10여 년 간 결실을 보지 못했다. 그러나 1973년 10월 중동전의 발발로 제1차 석유파동이 일어나고 물가 불안 등이 초래되면서 새로운 입법이 추진됐다. 물가인상 억제를 탄력적으로 운용하면서 경쟁제한행위나 불공정거래행위를 구체적으로 규정했다. 그래서 1975년 전문 32조의 〈물가안정 및 공정거래에 관한 법률('물가안정법'으로 약칭함)〉이 제정되어 1976년 3월 15일부터 시행됐다.

물가안정법은 주요 상품의 최고가격 지정, 수급조정조치, 독과점가격의 통제 등과 같은 물가안정에 역점을 두었다. 그리고 독과점 폐해, 경쟁제한행위, 불공정거래행위 등을 규제하는 공정거래에 관한 규정도 담고 있었다. 그래서 이 법은 한국의 공정거래제도 역사에서 작지 않은 의의가 있다.

그러나 이 법은 공정거래에 관한 규정이 미흡하고, 그 목적이 물가안정을 위한 수단이라는 성격이 강하였으므로 진정한 의미의 공정거래법으로 볼 수는 없었다.[5] 공정거래법 제정까지는 아직 넘어야 할 큰 산이 버티고 있었다.

1.2. 국가보위입법회의에서 제정된 공정거래법

수차례의 공정거래법 제정 시도가 무산되었지만 10여년의 세월이 흐르면서 법제정의 분위기는 많이 무르익었고, 법안의 내용도 많이 수정·보완됐다. 법제정을 비판하거나 반대하는 측의 입장도 충분히 알려졌고, 일부 내용은 법안에 반영되기도 했다. 경제성장이 계속되면서 독과점은 계속 진행됐고,[6] 그 폐해는 더욱 심해졌다.

정부는 매년 물가불안에 시달렸고 개별 상품을 대상으로 인위적인 가격통제를 통해 대처했지만 단기적인 효과에 그쳤다. 석유위기와 같은 국제원자재가격의 급등과 같은 대외여건의 악화도 가세했다. 새로운 경제 질서를 모색하지 않으면 안 되는 상황이었다.

이 와중에 1979년 10월 이른바 「10·26사태」가 터졌다. 장기 집권하던 박정희 대통령 시대가 막을 내리면서 정치·사회적 불안이 가중됐다. 이어서 「12·12 사태」를 거쳐 1980년 제5공화국이 출범했다. 혼란의 시대가 지나고 정치·사회가 안정을 되찾으면서 경제운용방식의 전환이 모색됐다. 또한 제5공화국 수립을 위한 헌법 개정에서는 독과점의 폐단을 규제·조정하는 조항의 신설이 추진됐다.

정부는 시장경제원리에 바탕을 둔 공정거래제도를 도입하는 것이 불가피하다고 결론을 내리고 있었다. 법제정 작업은 오래전부터 준비했던 경제기획원이 맡았다. 경제기획원은 1980년 8월부터 1개월 이상 작업 상황을 국가보위비상대책위원회 경제과학분과위원회에 보고했다. 공정거래법 제정은 정의로운 사회를 경제적인 측면에서 구현하는 첩경이며, 한국의 경제

석유 위기(Oil Shock 또는 Oil Crisis)

세계경제에 큰 악영향을 초래한 석유 위기가 1970년대 두 차례 있었다.

제1차 석유 위기는 1973년 10월 ~ 1974년 4월에 제4차 중동전쟁이 발발하고 중동 산유국들이 원유 수출을 금지하면서 발생했다. 원유 가격이 배럴당 3달러 수준에서 1974년 12달러까지 치솟아 세계경제가 엄청난 경기 침체와 물가 상승을 기록했다. 한국은 당시 물가상승률이 3.2%에서 24.3% 수준으로 크게 올랐고, GDP성장률은 12.0%에서 7.2% 수준으로 떨어졌다.

제2차 석유 위기는 1979년~1980년에 이란 혁명에 따른 원유수출 금지와 석유업자들의 매점매석과 투기 등으로 비롯됐다. 배럴당 14달러 정도였던 원유가격이 40달러 수준까지 치솟아 세계경제를 혼란과 고통에 빠트렸다.

한국은 당시 물가상승률이 18.3% 수준에서 28.7%수준으로 치솟았고, GDP성장률은 6.8% 정도에서 -1.5% 수준으로 곤두박질쳤다. 특히 산업구조가 중화학공업 중심으로 변화됐기 때문에 제1차 석유 위기보다 더 큰 피해를 입었다.

1979년 제2차 석유 위기 당시 석유를 사기 위해 주유소에 줄을 선 시민들.
당시 주요 생필품이었던 석유 구입이 어려운 것이 시급한 문제였지만, 이 여파로 급격히 물가가 급등하는 것은 더 큰 구조적인 문제였다. 출처 : naver 검색.

여건도 진정한 의미의 공정거래제도를 시행할 시기라고 설명했다.[7]

　이어서 1980년 9월 19일 부총리는 공정거래법을 제정한다는 방침을 공식 발표했다. 이후 경제계, 학계, 언론계, 소비자단체 등의 의견을 수렴하면서 입법시안을 마련했다. 11월 5일에는 법제정에 관한 공청회가 대대적으로 개최됐다. 이런 과정을 거쳐 작성된 법제정안은 12월 9일 국무회의 의결을 거쳐 12월 11일 국가보위입법회의 경제제1분과위원회에 회부됐다.

　공정거래법 제정안은 국가보위입법회의 논의에서 일부 수정되어 1980년 12월 23일 의결됐다. 이어서 12월 31일 법률 제3320호로 공포됐는데, 전문 60조 부칙 8조를 가진 〈독점규제 및 공정거래에 관한 법률(통상 '공정거래법'이라 함)〉 제정이 마무리됐다. 시행령 작업이 이어졌고, 시행령안은 1981년 3월 30일 국무회의 의결을 거쳐 4월 1일 공포됨으로써 공정거래법이 시행됐다.

부총리 겸 경제기획원장관이 공정거래법을 제정한다는 방침을 발표한 내용을 보도한 1980년 9월 19일자 『경향신문』 기사. 정부는 이미 시장경제원리에 바탕을 둔 공정거래제도를 도입하는 것이 불가피하다는 결론을 내리고 있었다. 출처 : naver 검색.

국가보위비상대책위원회와 국가보위입법회의 설치

국가보위비상대책위원회('국보위'로 약칭됨)는 1979년 말 「12.12 사태」를 일으킨 신군부 세력이 내각을 장악하기 위해 1980년 5월 31일 설치한 임시 행정기구였다. 행정부 각료 10명과 군부 요직자 14명 등 모두 24명으로 구성했고, 국보위의 위임사항을 심의·조정하기 위해 상임위원회를 설치했다.

국보위 상임위원회는 전두환을 위원장으로 하고 30명의 상임위원으로 구성됐다. 국보위의 실질적인 권한을 상임위원회가 갖고, 국정 전반을 통제했다. 이 상임위원회가 부정축재자 처리, 공직자 숙정, 중화학공업 투자 재조정, 대학 졸업정원제 도입과 과외 금지, 출판 및 인쇄물 제한, 삼청교육 실시 등을 결정하고 집행했다.

'국보위'라고 약칭되는 국가보위비상대책위원회가 1980년 5월 31일 설치됐다. 전두환 상임위원장을 비롯한 주요 인사들이 현판식을 거행하고 있다. 전두환 대통령이 통일주체국민회의에서 선출된 이후 국보위는 1980년 10월 29일 입법권을 가진 국가보위 입법회의로 개편됐다. 이 입법회의는 12월 23일 공정거래법 제정안을 의결했다. 출처 : naver 검색.

전두환이 1980년 8월 27일 통일주체국민회의에서 제11대 대통령으로 선출되고, 10월 27일 국가보위입법회의법이 통과됐다. 이 법에 따라 국보위는 입법권을 가진 국가보위입법회의로 개편됐다.

국가보위입법회의는 국보위 인사 10, 주요 정치인 20, 경제계 3, 문화·사회 9, 학계 13, 법조계 8, 종교계 8, 여성계 4, 언론계 3, 기타 3 등 총 81명의 주요 인사를 입법의원으로 하여 구성됐다. 이 입법회의가 신군부의 제5공화국 출범에 필요한 입법기반을 마련했다.

국가보위입법회의 입법 활동으로 정치활동규제법, 언론기본법, 국가보안법, 노동법, 집회 및 시위에 관한 법률 등이 제·개정됐고, 공정거래법이 제정됐다. 입법회의는 총 156일 동안 215건의 안건을 가결하며 1981년 4월 10일까지 존속했고, 제11대 국회가 개원하며 해산됐다.

새로 제정된 공정거래법의 주요 내용은 다음과 같다.

첫째, 시장지배적사업자의 지위 남용행위는 다른 국가들이 독과점 대기업을 규제하는 내용과 유사했다. 다만, 대기업이 가격을 올리면 다른 대기업이 따라 올리는 가격의 동조적 인상행위를 규제하는 것이 특이했다.

둘째, 합병, 주식 취득, 임원 겸임, 영업 양수와 같은 기업결합을 규제하는 것은 다른 국가들과 큰 차이가 없었다.

셋째, 사업자간 담합, 즉 카르텔의 경우 이를 제한하지 않았다. 카르텔을 등록하여 할 수 있도록 했고, 등록 내용을 위반하는 경우에 시정하도록 규정했다. 사업자단체에 대하여는 그 활동이 경쟁제한적일 경우에 이를 금지하도록 했고, 이를 위해 설립과 해산에 관한 신고 의무를 부과했다. 이러한 내용은 다른 국가의 독점규제법에서 카르텔을 엄중히 규제한 것과 차이가 있었다.

넷째, 외자도입법에 의한 차관, 합작투자와 기술도입 계약, 기타 수입대리점 계약 등 국제계약에 있어서 불공정하거나 경쟁제한적인 내용을 포함하는 경우 이를 수정 또는 변경토록 규정했다. 국제계약을 대상으로 별도로 규정한 것이 특별했다.

다섯째, 재판매가격 유지행위와 거래거절·차별적 취급 등 불공정거래행위를 금지했다. 불공정거래행위를 모든 사업자에게 공통적으로 적용되는 일반불공정거래행위와 특정사업 또는 특정행위에만 적용되는 특수불공정거래행위로 구분한 것을 제외하면 다른 국가들의 규제내용과 유사했다.

여섯째, 관계부처가 경쟁을 제한하는 법령을 제정·개정하는 경우나 경쟁을 제한하는 행정명령 또는 처분을 하고자 할 때에는 경제기획원장관과 사전협의를 거치도록 했다. 공정거래법이 경제정책 전반과 관련된다는 것을 보여주는 특별한 조항이었다. 다른 국가에서는 찾아보기 어려운 규정인데 부총리를 겸하는 경제기획원이 공정거래법을 제정했기 때문에 규정할 수 있었다.

일곱째, 법집행은 행정절차를 통해 이뤄지고, 이를 위해 공정위를 설치하도록 규정했다. 형벌 규정은 사실상 모든 위반행위에 대해 두었지만, 경제기획원장관의 전속고발을 규정했다. 기업 활동에 수사기관이 무분별하게 개입하여 경제가 위축될 우려를 방지하려는 목적이었다. 이런 집행절차나 기구에 관한 규정들은 대부분 일본 제도를 모델로 하여 만들었다.

공정거래법 제정은 시장경제질서에 관한 기본법을 도입한 것으로 경제발전역사에서 매우 중요하고 획기적인 것이었다. 이 법은 경제성장과정에서 초래된 경제력 집중과 독과점의 폐해, 시장기능의 마비로 인한 여러 가지 부작용, 정부개입의 비효율 등을 근본적으로 개혁하는 시발점이었다. 한국 경제는 정부주도하의 경제운영방식에서 탈피하여 시장경제원리에 바

〈독점규제 및 공정거래에 관한 법률〉 제정안
이 1980년 11월 20일 경제장관회의에 상정
됐는데 당시 회의 안건이다.
1960년대 초부터 제정하려던 공정거래법이
마침내 결실을 맺었다.

탕을 둔 자율적인 운영방식으로 변경하는 전환점Turning point을 맞았다.

1.3. 공정거래법의 발전과 진화

한국의 공정거래법은 산고 끝에 태어나기는 했지만 내용이 불완전했다.
대표적으로 카르텔이나 사업자단체 활동에 대한 규제가 철저하지 못했다.
미국은 물론 일본, 독일 등의 사례에서 알 수 있는 것처럼 이들 국가들이 독
점규제법을 제정한 것은 카르텔을 규제하는 것이 가장 큰 목적이었다고 하
겠다.

한국이 공정거래법을 제정하면서 카르텔 규제가 어려웠던 것은 다분히
경제 현실과 깊은 관련이 있었다. 1960년대부터 경제성장 과정에서 정부는
카르텔을 사실상 허용하는 정도를 넘어서 이를 유도하거나 조장했다고 하
겠다. 특히, 사업자단체를 통해 품목별 가격통제, 생산·수급 조절, 수출·
입 관리 등을 수행했다. 이들 단체가 정부의 위탁을 받고 관련 업무를 전담
하여 수행하기도 했다.

정부는 물가가 오르면 사업자단체에게 요금 인상을 자제토록 하거나 협
정 요금을 준수토록 지시했다. 제품 생산이 과잉되거나 부족하면 단체를
불러서 업계 공동의 대책을 마련하라고 촉구했다. 수출이나 수입에 필요한
추천 업무, 물량 배분, 이행상황 관리 등이 사업자단체의 주요 업무가 됐다.

이러한 현실을 고려할 때 공정거래법을 제정하며 카르텔을 엄격히 규제하는 것은 불가능했다. 그래서 정부는 카르텔 등록제와 사업자단체 신고제를 채택했다. 이러한 제도를 통해 카르텔의 현황과 운영 실태를 정확히 파악할 수 있었다. 그리고 이후에 수차례의 법 개정을 통해 단계적으로 카르텔에 대한 규제를 강화했다. 이러한 방식의 연착륙Soft landing 접근이 아니었다면 공정거래법은 새로운 제도로 정착하기 어려웠을 것이다.

공정거래법의 다른 규정들도 카르텔과 유사한 방식으로 법 개정이 이뤄졌다. 그러다보니 공정거래법은 제정 이후에 수없이 개정됐다. 특히 최근에는 의원 발의 입법을 통해 개정되는 경우가 빈번하여 몇 차 개정인지 파악하기도 어렵다. 이처럼 공정거래법은 계속 개정되며 발전과 진화를 거듭하고 있는데, 시행착오의 반복이고 연속이었다. (공정거래법 개정 역사는 이 장의 끝부분을 참조)

또한, 공정거래법의 주요 내용은 새로운 법률의 제정으로 분리되기도 했다. 모두 7개의 새로운 법이 만들어졌는데, 이러한 법제정은 공정거래제도의 진화였고 일종의 시행착오였다.

기존 법에서 규정했던 내용을 더욱 구체화하는 내용으로 제정된 경우가 있다. 하도급법, 표시·광고법, 대규모유통업법, 대리점법 등이 이러한 유형에 해당한다.

공정거래법 개정을 위한 공청회가 1996년 8월 8일 개최됐다.
법 개정에 대해 경제계를 비롯한 정치권, 학계, 법조계, 언론, 시민단체 등의 관심이 커서 공청회를 통해 여러 의견을 수렴하는 것이 보통이었다. 공정거래법은 제정 이후 수십 차례 개정되어 이제 몇 차 개정인지 파악하는 것이 어렵고 무의미하다.

새로운 산업이나 거래 형태 등의 등장에 효율적으로 대처하기 위해 전자상거래법, 가맹사업법이 만들어지기도 했다. 카르텔을 별도의 입법을 통해 일거에 폐지하거나 개선하는 카르텔 일괄정리법이 제정되기도 했다. (공정위 법제정의 역사는 이 장의 끝부분을 참조)

한편, 다른 부처의 법률이 공정위 소관으로 이관되는 경우도 있었다. 공정거래법 운용과 관련된 업무를 보다 전문적이고 독립적이며 효과적으로 처리하려는 목적이었다. 모두 6개 법률이 다른 부처 소관에서 공정위로 옮겨졌다.

먼저 〈약관의 규제에 관한 법률(일명 '약관법'이라 함)〉은 1986년 12월 31일 제정되어 1987년 7월 1일 시행됐다. 약관이란 계약을 맺으려는 한쪽 당사자가 다수의 상대방과 계약을 체결하기 위해 미리 작성한 문서인데, 예를 들면 보험 약관, 운송 약관, 은행예금 약관 등이 있다.

약관법은 당초 경제기획원에서 약관심사위원회를 설치하여 심사했으나, 1992년 12월 8일 법 개정으로 1993년 3월 1일부터 공정위로 이관됐다. 불공정한 약관은 신의성실의 원칙을 위반하거나 개별적으로 금지하는 8개 유형을 내용으로 하는 약관이며, 이러한 약관은 당연 무효로 한다. 공정위는 약관을 심사하여 위반되는 약관 조항을 삭제 또는 수정하도록 권고하거나 시정명령을 내리고 있다.

그리고 〈할부거래에 관한 법률(일명 '할부거래법'이라 함)〉과 〈방문판매 등에 관한 법률(일명 '방문판매법'이라 함)〉은 모두 1991년 12월 31일 제정되어 1992년 7월 1일부터 시행됐다. 두 법률은 모두 산업자원부에서 집행했으나, 부처별 유사·중복기능을 재편하면서 1999년 5월 24일 공정위로 이관됐다.

끝으로 소비자정책 기능의 개편으로 관련 3개 법률이 공정위로 이관됐다. 공정거래정책과 소비자정책은 모두 정책 대상을 시장으로 한다는 점과 궁극적인 목적이 소비자의 후생 증대에 있다는 점에서 상호 밀접한 관련성이 있다.

그러므로 보다 효율적인 소비자정책을 추진하기 위해 2008년 2월 29일 정부조직을 개편하며 소비자정책 추진체계를 공정위로 일원화했다. 이에 따라 재정경제부(현재는 기획재정부)가 주무부처이던 〈소비자기본법〉, 〈제조물책임법〉, 〈소비자생활협동조합법〉이 공정위 소관이 됐다.

1.4. 공정거래법 집행기구

한국에서 공정거래법을 제정하게 된 직접적인 계기는 독과점기업들이 카르텔 형성 등으로 폭리를 취하는 것이었다. 1963년 시멘트, 밀가루, 설탕을 생산하는 소수 대기업들이 카르텔 가격과 시장 조작으로 폭리를 취한 소위 '3분粉(3개 가루) 사건'이 대표적이다.

이 사건을 계기로 정부는 1964년 3월 서울대학교 상과대학 부설 한국경제연구소에 공정거래제도에 관한 연구를 위촉했다. 이 연구소에서 그해 8월 공정거래법 시안을 마련했고, 경제기획원은 이 연구를 기초로 9월에 전문 29조로 된 공정거래법 초안을 작성했다. 당시 초안은 경제기획원장관 소속하에 공정위를 설치하여 법집행을 하는 것이었다.[8]

이후에도 물가 앙등이 문제될 때마다 공정거래법 제정이 시도됐다. 개별 품목 위주로 물가를 통제하거나 관리하는 물가억제정책은 대책 마련부터 어려웠고, 집행은 비효율적이었으며, 성과는 일시적 응급조치에 불과했다. 그러므로 보다 근본적이고 구조적인 대책이 필요했고, 이를 위해 공정거래법을 제정하는 방안이 추진됐다. 그래서 정부는 1966년, 1967년, 1971년에 〈공정거래법안〉을 마련했고, 1969년에 〈독점규제법안〉을 마련했다.

공정거래법 제정이 물가문제를 구조적으로 해결하려는 대책으로 추진되다보니 이 법안을 제정하는 작업을 주도한 것은 경제기획원이었다. 경제개발을 추진하던 시대에 경제기획원에서 물가문제는 경제성장과 함께 중요한 경제정책의 하나였다. 경제성장을 달성할수록 독과점 구조는 물론 공산품들의 공급 부족이나 수급 불안정, 유통구조의 문제, 석유 등 주요 원자재 파동 등으로 소위 '개발 인플레이션'이라는 부작용이 발생했기 때문이었다.

그래서 경제기획원의 물가정책 기능과 조직은 계속 확대됐다. 종합기획국 물가과로 출발해서 기구개편을 통해 1969년 11월 물가정책관이 신설됐고, 1973년 1월 물가정책국이 3개 과로 출범했다. 물가정책국은 1975년 8월 5개 과로 늘었고, 이듬해인 1976년 2월에는 공정거래과가 신설되며 6개 과로 확대됐다.

이어서 1979년 6월에는 물가관리실로 개편되어 물가정책관과 공정거래정책관을 두면서 8개 과로 커졌다. 그리고 1981년 4월에는 공정위가 출범했고, 공정거래 사무를 처리하는 공정거래실을 설치하여 심의관과 심사관

공정거래법 집행기구로 1981년 4월 출범한 공정거래위원회의 현판식이 1981년 5월 7일 거행됐다.
법집행을 위해 위원회 형태의 조직을 설치하는 것이 일관되게 추진됐고, 다른 기관이나 조직을 대안으로 검토한 흔적이 없다.

2명을 두면서 6개 과 조직으로 개편됐다.[9]

이처럼 경제기획원의 물가정책은 발전과 진화를 거듭하며 공정거래제도의 도입을 시도했고, 마침내 공정거래법 제정으로 결실을 맺었다. 이러한 과정을 거쳤으므로 법집행은 경제기획원에서 담당하는 것이 당연했다.

경제기획원은 법집행기구로 공정위를 설치하는 방안을 1964년 작성한 〈공정거래법안〉에서부터 마련했다. 이런 방안은 그 이후의 〈공정거래법안〉과 〈독점규제법안〉에서 계속 견지됐고, 1980년 공정거래법 제정으로 완성됐다. 따라서 한국에서 법집행기구로 공정위라는 위원회 조직이 아닌 다른 기관이나 조직을 대안으로 고민했던 흔적을 찾아볼 수 없다.

최초의 공정거래법은 공정위를 경제기획원 장관 소속하에 설치했다. 경제기획원장관의 결정·처분에 앞서 심의·의결하는 일종의 필수적 심의기관이었다. 공정위는 위원장을 포함한 3인의 상임위원과 2인의 비상임위원으로 구성했고, 임기는 각각 3년이었다.

1990년 1월 법이 개정되면서 경제기획원장관의 처분을 위한 심의·의결기관이었던 공정위는 경제기획원장관 소속의 독립행정기관이 됐다. 공정위가 공정거래제도의 전담기구로 새로운 변신을 한 것이다. 위원 수도 2명이 추가되어 위원장을 포함한 5명의 상임위원과 2명의 비상임위원으로 구성됐다. 위원회 사무를 처리하기 위해 공정위 사무처도 신설됐다.

1994년 12월 3일 범정부적 조직 개편이 단행되면서 공정위는 새로운 독립기관으로 출범했다. 경제기획원이 재무부와 통폐합되어 재정경제원으로 재탄생하면서 공정위는 총리직속기관이 됐다. 이로써 공정위는 명실상부한 독립기관의 시대를 맞이하게 됐다.

1996년 3월 8일에는 위원장 직급이 차관급에서 장관급으로 격상되어 시장경제질서의 파수꾼 역할을 수행할 기반을 더욱 공고히 했다. 그리고

공정위의 정체성 확립을 위해 조직의 상징을 이미지로 표현하는 CI(Corporate Identity)를 만들고, 1997년 4월 2일 CI 선포식을 개최했다. 공정위의 외형적 성장이 계속되며 질적 발전에 대한 요구도 증가했다.
공정위는 1981년 4월 경제기획원장관의 결정·처분을 위한 심의기관으로 출범했고, 1990년 1월 경제기획원장관 소속의 독립행정기관이 됐다. 이어서 1994년 12월 총리직속기관으로 독립했고, 1996년 3월 차관급 기관에서 장관급 기관으로 격상됐다.

1997년 8월 12일 직제 개정에서 위원수를 7명에서 9명 이내로 하되 비상임 위원을 4명으로 규정했다. 또한, 2008년 2월 29일 정부조직 개편으로 소비자정책 업무가 공정위로 일원화됐다. 이를 통해 공정위는 공정거래정책과 소비자정책을 추진하는 중앙행정기관의 위상을 확립했다.

1.5. 위반행위에 대한 제재와 전속고발제도 도입

공정거래법 집행은 전담기구인 공정위가 행정절차를 통해 위반행위를 조사하고 심사하여 제재하는 형식으로 이루어졌다. 공정위는 미국의 FTC나 일본의 공정거래위원회와 유사한 조직이었다. 그래서 공정위는 이들 국가의 위원회 조직에서 준사법적, 준입법적 기능과 실제 활동사례 등을 수집하고 연구했다. 각종 위반행위에 대한 심결사례를 축적하고, 주요 고시 또는 지침Guidelines 등을 계속 제정하고 보완했다.

최초의 공정거래법에서 위법행위에 대한 제재는 대부분 위반행위의 금지 혹은 중지였거나 기타 시정에 필요한 조치였다. 통상 다른 나라의 독점규제법에서 가장 엄중하게 제재하는 카르텔에 대해서마저 등록제를 시행했으니 그보다 가벼운 다른 위법행위에 대해서는 별다른 시정조치를 규정하기 어려웠을 것이다.

특이한 시정조치로는 시장지배적사업자의 가격 남용이나 동조적 가격인상행위에 대해 기격 인하명령을 내리고, 이를 따르지 않는 경우에 과징금을 부과할 수 있도록 규정한 것을 들 수 있다. 그리고 기업결합 제한 규정을 위반한 경우에 주식 처분, 임원 사임, 영업 양도 등과 같은 시정조치가 가능했다.

그런데 위반행위에 대한 행정제재는 이후 공정거래법 개정을 통해 대폭 수정·보완되거나 강화됐다. 시정조치 내용에 정정 광고, 법위반사실의 공표 등이 추가되고, 경제적 제재로 과징금이 계속 강화됐다.

대표적으로 카르텔의 경우 1980년 제정법에서는 등록제로 운영되고 과징금 부과 규정이 없었다. 그러나 1986년 개정에서 카르텔에 대한 과징금을 매출액의 1% 이하로 규정했고, 1994년 12월 개정에서 매출액의 5% 이하로 높였으며, 2004년 개정에서 매출액의 10% 이하로 더욱 높였다.

그리고 불공정거래행위의 경우에는 제정법에서 과징금 부과 근거 규정이 없었다. 그런데 1992년 12월 개정에서 과징금 한도를 3천만원 이하로 신설했고, 이어서 1994년 12월 개정에서 매출액의 2% 이하로 규정했다. 이와 같은 내용으로 제재 수준을 강화하면서 공정거래법 위반행위에 대한 제재

경제기획원장관의 심의기관으로 출범한 공정위의 초창기였던 1981년 8월 1일 회의 장면. 법위반 사건을 심판하는 준사법기관의 격식과 절차를 아직 갖추지 못했고, 제재조치로 위반행위 금지나 중지를 명하는 것이 대부분이었다. 초기 법집행이 이처럼 연착륙(soft landing) 과정으로 이루어져 공정거래제도는 경제 전반에 순조롭게 정착할 수 있었다.

의 실효성을 높여 나갔다.

한편, 위반행위에 대해서는 형사 벌칙도 규정했다. 시장지배적 지위남용, 기업결합 제한이나 탈법행위, 카르텔 등록을 하지 않고 행하는 행위에 대해 1년 이하의 징역이나 7천만원 이하의 벌금을 규정했다. 그리고 나머지 불공정거래행위 등과 같은 다른 위반행위에 대해 5천만원 이하의 벌금을 규정했다.

그런데 이러한 벌칙은 경제기획원장관의 고발이 있어야 논할 수 있도록 규정했다. 소위 전속고발 규정이 도입됐는데, 이 규정은 1966년에 마련된 공정거래법안에도 포함돼있다.[10] 이어서 1967년, 1971년 공정거래법안과 1969년 독점규제법안에서도 모두 전속고발 규정을 두었다.

전속고발 규정은 공정거래법이 경제정책의 일환으로 집행되어야 한다는 점을 고려한 규정이었다. 특히 경제활동에 대한 법적용에서 경제부처의 전문적인 판단을 우선해야 한다는 점을 고려했다. 그리고 미국, 독일 등 다른 국가들의 법과 집행 사례는 물론 일본의 독점규제법에서 전속고발 규정이 명시된 것을 참고한 결과였다.

1.6. 공정거래법 집행의 몇 가지 특징

한국의 공정거래법은 제정 과정이 특이했고 집행도 특별하다고 하겠다. 공정거래법이 국회가 아닌 국보위 입법회의라는 비상기구에서 제정된 것은 이례적이었다. 법집행에서 다른 나라와 구별되는 여러 가지 특징을 보여줬는데 정리하면 다음과 같다.

첫째, 법집행이 연착륙Soft landing 과정으로 이루어졌다. 최초의 공정거래법은 미국, 일본, 독일 등 다른 국가에 비해 강력하지 않았다. 대표적으로 카르텔에 대해 등록제를 규정했고, 위법에 대한 제재로는 위반행위를 중단하라는 행정조치가 대부분이었다.

그러다보니 초기 법집행의 초점은 위반행위를 조사하여 제재하는 것에 둘 수 없었다. 법·제도의 시행을 위한 고시, 지침 등의 하위 규정을 마련하는 데 주력했다. 그리고 기업체, 공무원, 소비자 등을 대상으로 교육·홍보 등을 하는 것도 주요 업무의 하나였다. 1984년부터 중·고등학교의「사회」교과목에 공정거래제도의 필요성에 대한 내용을 포함하도록 애쓰기도 했다.

그런데 이러한 연성 집행이 공정거래법의 성공적인 정착에는 오히려 유리하게 작용했을 수도 있다. 왜냐하면 경제계 등이 강력하게 반대하는 가운데 비상기구에서 제정된 법을 초기부터 강력하게 집행했다면 순조롭게 정착하기 어려웠을 것이기 때문이다.

둘째, 경제 관료가 중심이 되어 경제정책과 밀접한 연관 속에서 법집행이나 제도개선을 추진할 수 있는 여건을 마련했다. 공정거래법은 독과점의 폐해로 나타나는 물가 급등을 구조적으로 개선하기 위해 제정됐다. 그리고 제정을 주도한 것은 경제기획원 물가정책국이었고, 집행을 담당한 것도 경제기획원 소속의 경제 관료였다.

이들 경제 관료들은 개별 사건 중심으로 법을 집행하는 것보다는 경제 현안에 내재한 구조적인 문제점을 개선하는데 역점을 두었다. 대표적인 사례의 하나가 경쟁제한적인 법령 등에 대해 공정위(당시에는 경제기획원장관)와 사전 협의하도록 규정한 것이다.

국가 행정이 여러 부처의 법령이나 처분 등을 통해 이루어지면서 경쟁을 제한하는 내용이 포함될 수 있다. 이러한 법령 등을 구조적으로 차단하는 조항이 최초의 공정거래법 제51조에 규정됐다. 관계 행정기관의 장이 경쟁제한적인 법령을 제·개정하거나 이러한 내용으로 명령·처분 또는 승인을 하는 경우에는 사전에 경제기획원장관과 협의하도록 했다.

이 조항은 1990년 1월 13일 법 개정으로 제63조에 더욱 명확히 규정됐다. 이어서 1996년 12월 30일 개정으로 더욱 구체화됐다. 사전 협의 대상이 되는 법령의 제·개정, 사업자나 사업자단체에 대한 승인 기타 처분의 구체적인 내용을 상세히 규정했고, 예규·고시 등을 제·개정하는 경우에도 사전 통보하도록 규정했다. 또한 사전 협의 없이 시행되고 있는 기존의 경쟁 제한 법령 등에 대해 공정위가 사후적으로 시정의견을 제시할 수 있도록 규정했다.

이 규정은 다른 나라에서 명문상 찾아보기 어려운 독보적인 조항이라고 하겠다.[11] 경제기획원이 경제 분야 전반을 대상으로 경쟁제한행위를 개선하는데 주도적인 역할을 해나가는 근거 규정이 됐다. 그리고 그 규정의 내용을 공정위가 그대로 이어받았다.

셋째, 시행 초기의 법집행이 여러 차례의 제도개선을 거치면서 새로운 경제 질서에 대한 경제주체의 인식을 새롭게 했다. 경제 관료들이 인력과 예산이 제한된 상태에서 개별 사건 중심으로 집행했다면 적절히 대응하기도 어려웠고, 성과도 미미했을 것이다. 그런데 제도개선 중심의 법집행을 통해 관련 행정기관, 경제계, 소비자 등의 공정거래제도에 대한 인식을 높이고,

공정위 정부세종청사 현판식(2012년 12월 21일)과 청사 전경.
공정위는 세종특별자치시에 자리잡기 이전에 1981년 5월 이후 서울 광화문, 1986년 2월 이후 경기도 과천, 2008년 3월 이후 서울 반포동을 거쳤다. 공정위는 경제정책의 연장선에서 공정거래제도를 운용해왔다. 이를 위해 공정거래법 집행에서 개별 사건에 대한 법적용보다 경제구조에 대한 제도개선에 큰 비중을 두었고, 경제의 당면 현안을 해결하는 데도 역점을 두었다.

이들로 하여금 새로운 질서에 부응하려는 노력을 배가하도록 만들었다.

대표적인 사례로는 단체수의계약제도 개선, 사업자단체 기능 합리화, 정부규제 개혁 추진을 들 수 있다. 단체수의계약제도는 중소기업 보호를 위한 명목으로 시행되었으나, 불합리하게 운영됨에 따라 1982년부터 단계적으로 개선하여 2007년 폐지했다. 사업자단체의 경우 1985년부터 카르텔 행위, 단체가입 강제, 과도한 회비 징수, 비회원사 차별 등을 시정하는 제도개선을 추진하기도 했다. 정부규제에 대해서는 1988년부터 산업별·분야별

단체수의계약제도 폐지

단체수의계약제도란 중소기업청장이 지정한 물품을 공공기관이 구매할 경우 해당 물품을 생산하는 기업들이 회원으로 가입한 중소기업협동조합과 수의계약으로 구매하는 것을 허용하는 제도였다. 이 제도는 중소기업 제품의 판매를 확대하기 위해 도입되어 1965년 21개 조합의 181개 품목이 지정됐다.

이 제도의 문제는 전 회원의 1/10 범위에서 대기업도 중소기업협동조합 회원이 될 수 있어 대기업 제품을 수의계약으로 판매하는 창구가 되거나 중소기업 간 경쟁을 제한하는 것이었다. 그리고 수의계약 물량을 회원들이 배분하는 과정 등에서 분쟁이 많이 발생했다.

당시 경제기획원은 이 문제를 법위반 사건으로 처리하지 않고 제도 자체의 개선을 추진했다. 1982년 주무부처인 상공부에 대기업의 참여를 제한하도록 요청하면서 제도개선을 시작했다. 이어서 1999년 2월 5일 카르텔일괄정리법에서 단계적인 감축을 규정하여 2007년 폐지되기까지 공정위가 지속적으로 개선을 추진했다.

사업자단체 기능 합리화 추진

사업자단체는 기업들이 단체를 구성하여 회원사 이익활동, 정부 위탁업무 수행, 부당한 공동행위 등의 활동을 했다. 이러한 과정에서 카르텔 행위, 단체가입 강제, 과도한 회비 징수, 비회원사 차별 등의 문제가 빈번하게 발생했다. 이를 개별 사건으로도 처리했지만, 사건이 줄기는커녕 쌓여만 갔다.

그래서 이를 근본적으로 개선하는 방안을 추진했다. 공정거래법에서 규정한 사업자단체 설립신고 제도에 따라 신고 된 단체를 대상으로 1985년 10월 21일 「사업자단체 기능 합리화 방안」을 마련했다. 단체 조직의 체계화, 회비징수제도 개선, 가입 탈퇴의 자율화, 경쟁제한관행의 개선, 정부위탁업무의 합리화 등을 추진했다.

이어서 사업자단체 금지행위를 사전에 예방하기 위하여 1986년 6월에 「사업자단체 활동지침」을 제정했다. 이러한 제도개선은 1999년 4월 1일 사업자단체 설립신고제도가 폐지되기까지 계속됐다.

가격규제, 진입규제, 영업활동 제한 등을 완화 또는 폐지했는데, 1998년 3월 대통령 소속의 규제개혁위원회가 신설되기까지 계속됐다.

넷째, 경제가 직면한 현안과제를 해결하는 데 법집행의 역점을 두기도 했다. 대표적인 사례가 1986년 경제력집중의 억제 제도를 도입한 것과 1998년부터 부당 내부거래를 집중 시정한 것이라고 하겠다.

경제력집중 억제 제도는 1986년 제1차 공정거래법 개정으로 도입됐다. 최초 공정거래법은 제1조 목적에서 '과도한 경제력의 집중을 방지하고' 라고 규정했지만 이와 관련되는 구체적인 조항은 없었다. 그런데 재벌기업의 경제력집중이 초래하는 여러 가지 폐해가 계속 노출됐다. 이에 따라 과다하고 불

IMF외환위기와 '재벌개혁을 위한 5+3' 원칙

한국은 1997년 12월 외환 부족으로 국제통화기금IMF; International Monetary Fund의 구제금융을 받았는데, 이를 소위 IMF외환위기라고 한다. 1997년 한보(당시 재계순위 14위) 사태를 시작으로 진로(19위), 기아(8위)의 부도는 외환위기의 서막이었다. 한라(12위), 동아(13위), 해태(24위), 뉴코아(25위), 거평(28위), 신호(30위)의 부도가 이어졌고, 대우(3위)의 부도는 휘청거리는 경제에 치명타로 작용했다.

1998년 경제성장률은 -6.7%를 기록했고, 실업자 수는 100만 명을 돌파하여 실업률이 6.8%로 치솟았다. 1인당 국민소득은 환율 급등까지 겹치며 1997년 10,307달러에서 1998년 7,742달러로 거의 반 토막 수준으로 떨어졌다.

IMF위기는 내부적이고 구조적인 요인이 크게 작용했다는 분석이다. 경쟁보다는 특혜를 추구하는 체질이 고착화됐고, '대마불사大馬不死'라는 환상에 빠져 빚으로라도 사업 규모를 키워놓으면 부도 위기가 닥쳐도 대량 실업이나 금융 부실 등을 우려하는 정부가 함부로 방치하지 못할 것이라고 믿었다. 그러나 1997년 1월 한보철강의 파산으로 제일은행의 경영 부실이 초래되면서 금융기관의 부실 채권이 연쇄적으로 발생해 외환위기의 주요 원인으로 작용했다.

IMF 구제금융을 받는 대신 기업과 금융 산업에 대한 구조조정이 시작됐다. 구조개혁의 핵심은 재벌기업의 불투명한 경영구조와 차입에 의한 과도한 사업 확장 관행을 개혁하는 것이었다. 이를 위해 정부와 재계는 1988년 1월 재무구조 개선, 핵심부문 설정, 경영책임 강화, 상호채무보증 해소, 경영 투명성 제고라는 5대 원칙을 설

합리한 계열기업 확장과 경쟁제한행위를 방지하는 제도를 새로 도입했다.

그동안 재벌이라 불리던 기업그룹을 '기업집단'으로 정의하고, 자산총액 4천억원 이상의 대규모 기업집단을 법적용 대상으로 했다. 이들 대규모 기업집단의 상호출자 금지와 출자총액 제한 등을 규정했다. 그리고 기업집단 형성의 유력한 수단이 되는 지주회사 설립을 금지했다.

1998년부터는 부당 내부거래를 집중 조사하여 시정조치 했다. 1997년 말 IMF외환위기가 초래된 원인 중 하나는 재벌들이 '대마불사大馬不死'라는 환상에 빠져 문어발식 경영을 하며 부당한 내부거래를 통해 계열회사 간에 서로 지원했기 때문이었다. 공정위는 핵심역량 위주로 구조조정을 촉진하도록 대규모 기업집단의 계열회사들을 대상으로 대대적인 조사를 계속했다.

1998년부터 2000년까지 9차례에 걸친 부당 내부거래 조사에서 총 29조 2천억 원의 지원성 거래를 적발해 해당 기업들에게 시정명령과 함께 총 2,995억 원의 과징금을 부과했다.[12] 공정위가 1천억 원 수준의 대규모 과징금을 부과한 것은 1998년 이후부터였고, 이 시기의 위법행위가 불공정거래행위의 일종으로 규정된 부당 지원행위였다.[13]

다섯째, 법집행이 무거운 행정제재는 물론 형사 벌칙을 부과하는 방향으로 강화되고 있다. 공정위 소관 법률이 계속 증가하며 위반행위 중지 등의 시정조치와 과징금 부과 등의 행정제재는 물론 형사 벌칙까지 폭넓게 규정하고 있다. 그리고 이러한 제재 기준이 계속 높아짐에 따라 공정위의 제재 수준도 높아지고 있다.

특히, 행정제재와 함께 형사 고발하는 사례가 큰 폭으로 증가하고 있다. 예를 들면 고발 건수는 2010년부터 2019년까지 사건 수를 기준으로 총 575건에 달해 한 해 평균 57건 정도에 이르고 있다.[14] 법률별로는 공정거래법 25.3건을 비롯하여 하도급법 16.1건, 표시·광고법 3.7건, 방문판매법 3.8건, 할부거래법 6.1건 등으로 고발 건수가 모두 증가하는 추세이다. 공정거래법의 경우 사업자단체 금지행위를 포함한 카르텔에 대한 고발이 한 해 평균 약 20.8건 정도로 매우 큰 비중을 차지하고, 불공정거래행위에 대한 고발도 평균 4.5건 수준에 이르고 있다.

물론 일부에서는 법위반에 대한 형사 고발이 지나치게 적다는 비판도 있

공정위 9명 위원이 참석하는 전원회의 개회 모습(2020년). 이 회의에서 법위반 사건을 심의하여 시정명령, 과징금 부과, 형사 고발 여부를 결정한다.
독점규제법 위반행위는 행정절차를 통해 제재하는 것이 대부분이고, 형사 제재를 하는 것은 아주 제한적이고 예외적이다. 수사기관이 무분별하게 경제 활동에 개입하는 경우 민간의 자율과 창의를 저해하여 경제 자체를 위축시킬 수 있기 때문이다.

다. 그러나 세계 최초로 공정거래법에 전속고발제도를 도입했던 일본의 고발 건수와 비교하면 한국은 월등히 많다. 일본은 2010년 이후 2018년까지 9년 동안 총 4건을 고발하여 한 해 평균 0.5건에도 미치지 못하고 있다. 그리고 이러한 고발 건수도 미·일구조협의SII에서 미국이 강력히 요구함에 따라 1990년 형사고발 지침을 제정하여 적극적으로 고발한 결과이다.[15]

고치고 또 고치고 …… 공정거래법 개정 역사

1) 1986년 12월 제1차 개정에서 경제력집중 억제수단의 도입 등이 이뤄졌다. 최초의 공정거래법에 경제력집중의 억제를 중요한 목표로 채택하면서도 실제로 이에 관한 구체적인 규정이 없었던 것을 보완했다. 지주회사의 금지는 물론 소위 재벌이라고 불리는 대규모기업집단의 계열회사 간 직접 상호출자 금지, 출자총액 제한 등이 최초로 도입됐다.

또한 경쟁제한적인 공동행위를 등록하도록 규정했던 것을 인가제로 개선하여 부당한 공동행위에 대한 관리를 강화했다. 시장지배적사업자와 관련하여 가격의 동조적 인상행위 조항을 삭제하고, 가격 남용행위를 보다 포괄적으로 규정하여 이를 통해 규제하도록 했다.

2) 1990년 2차 개정은 의원 제안 방식이었다. 공정거래 기능강화를 위한 법체계 전반에 대한 개정이었고, 집행기구의 전문성과 독립성을 강화하기 위한 개정이었다. 대규모기업집단소속 금융·보험회사 간 상호출자를 추가로 금지시키고, 경제력집

중억제 위반에 대한 과징금제도를 신설했다. 불공정거래행위에 대한 규제를 강화해 법에 포괄적으로 열거된 불공정거래행위 유형에 해당되면 모두 규제대상이 되도록 했다. 위반행위에 대한 벌칙을 강화하고, 시정조치 수단으로 정정광고, 법위반사실의 공표를 명시했다. 공정거래위원회를 경제기획원장관 소속 독립행정기관으로 하고, 위원 수를 위원장 포함 5명에서 7명(비상임 2명)으로 늘리면서 사무처를 신설했다.

3) 1992년 3차 개정은 경제력집중 억제시책의 추진을 위한 개정이었다. 대규모기업집단 계열회사 간에 채무보증 제한제도를 도입하고, 출자총액제한의 예외 인정대상을 확대했다. 부당한 공동행위 규제를 보완하여 합의만 하고 실행이 되지 않아도 위법이 인정되도록 했고, 불공정거래행위에 대한 과징금제도를 도입했다.

4) 1994년 12월 4차 개정에서 대규모기업집단 소속회사의 타 회사 출자한도를 순자산의 40%에서 25%로 인하하여 경제력집중 억제시책을 강화했다. 소유 분산 및 재무구조 개선을 유인하기 위해 일정한 요건을 충족하면 출자총액제한규정을 배제토록 했다.

구매 관련 공동행위를 규제범위로 포함했고, 국제계약 체결 시에 적용되는 신고의무제를 폐지하고 자율적인 심사청구제를 도입했다. 공동행위에 대한 과징금 한도를 매출액의 1%에서 5%로 올렸고, 불공정거래행위의 과징금을 3천만원 이하에서 매출액의 2% 이내로 변경했다.

5) 1996년 12월 5차 개정은 주로 공정거래제도를 국제 기준에 부합하도록 하는데 초점이 맞춰졌다. 경쟁제한법령에 대한 사전 협의 또는 통보대상을 명확히 하고, 사후 시정의견을 제시할 수 있는 제도를 도입했다. 금융·보험 사업자에 대한 공정거래법의 적용제외 범위를 축소했다. 독과점적 시장구조가 장기간 유지되는 경우 개선시책을 추진할 수 있는 근거를 마련했다. 대규모기업집단 소속 계열회사에 대한 채무보증한도를 축소했고, 기업집단의 부당지원행위 규제대상에 자금·자산·인력을 포함했다.

6) 1998년 2월 6차 개정에서는 대규모기업집단 소속회사에 적용되던 출자총액제한제도를 폐지했다. 그리고 계열회사 간 신규 채무보증을 금지하고 기존 채무보증의 해소 의무를 규정했다.

7) 1999년 2월 7차 개정은 「국민의 정부」가 출범한 뒤 의원 입법으로 추진됐다. 법 적용이 배제되는 사업자의 범위와 행위 유형을 축소했다. 지주회사 설립을 제한적으로 허용했고, 부당지원행위를 효과적으로 차단하기 위해 금융거래정보를 2년간 한시적으로 요구할 수 있게 했다.
시장지배적사업자 지정고시제도를 폐지하고 일정요건에 해당하면 추정하는 제도를 도입했다. 카르텔의 위법성 요건으로 당연위법의 원칙을 적용할 수 있는 근거를 마련했다. 공정거래사건에 대한 이의신청 절차를 개선하고 이해관계인의 자료열람 요구권을 신설했다.

8) 1999년 12월 8차 개정에서는 이미 폐지됐던 출자총액제한제
   도를 순환출자의 억제 등을 위해 재도입했다. 그리고 부당지
   원행위를 사전에 차단하기 위해 10대 기업집단 소속회사가
   일정 규모 이상의 대규모 내부거래를 하는 경우 이를 공시토
   록 하는 제도를 신설했다. 부당지원행위에 대한 과징금 부과
   한도를 매출액의 2%에서 5%로 높였다.

9) 2001년 1월 개정에서는 2년 시한이 만료된 금융거래정보 요
   구권의 3년 연장, 지주회사제도의 효율적 운용을 위한 제도개
   선, 카르텔의 자진 신고자에 대한 면책제도 적용 확대 등이 이
   루어졌다.

10) 2002년 1월 개정은 30대 기업집단 일괄 지정제도를 폐지하
    고 행태별 규제방식으로 전환하기 위해 상호출자 제한, 출자
    총액 제한, 채무보증 제한의 대상이 되는 기업집단에 관한
    규정이 포함됐다.

11) 2004년 12월 개정에서는 외국사업자의 행위에 대해 법적용
    할 수 근거 마련, 금융거래정보 요구권의 3년 시한 재도입,
    법위반 사업자에 대한 포상금 제도 도입 등이 이루어졌다.

12) 2007년 4월 개정에서는 지주회사의 주식보유기준 완화, 출
    자총액제한제도의 일부 완화, 금융거래정보 요구권의 3년
    시한 재연장 등이 포함됐다.

13) 2007년 8월 개정에서는 공정거래 분야의 분쟁조정을 원활히
    하기 위해 한국공정거래조정원을 설립하는 근거를 마련하
    고, 분쟁조정제도를 도입했다.

14) 2009년 3월 개정에서는 출자총액제한제도를 폐지하고, 상호출자제한 기업집단의 주식소유 현황 등에 대한 공시제도를 도입했다.

15) 2011년 12월 개정에서는 한·미 자유무역협정(FTA)에 따라 공정거래 사건의 신속한 해결을 위해 동의의결제도를 도입했다.

16) 2012년 3월 개정에서는 공정거래위원장을 인사 청문대상에 포함하고, 공정거래위원회 조사를 거부·방해 또는 기피한 자에 대해 벌칙 규정을 도입했다.

17) 2013년 7월 개정에서는 감사원장, 조달청장, 중소기업청장에게 고발을 요청할 수 있도록 하고, 담합의 자진신고자 또는 조사협조자에 대해 고발을 면제할 수 있도록 했다.

18) 2013년 8월 개정에서는 부당지원행위 성립요건을 '현저히 유리한 조건'에서 '상당히 유리한 조건'으로 변경하고, 부당지원행위의 유형에 '실질적인 역할이 없는 특수관계인이나 다른 회사를 매개로 거래하는 행위'를 추가했으며, 부당지원으로 실제 이득을 얻은 수혜자에게도 과징금을 부과할 수 있는 근거를 마련했다.

19) 2014년 1월 개정에서는 순환출자 금지 규정을 도입하고, 회사의 합병 등으로 발생하거나 기존 순환출자가 강화되는 경우에는 순환출자의 예외로 인정하되 일정기간 이내에 해소하도록 규정했다.

20) 2014년 5월 개정에서는 분쟁조정을 신청하거나 불공정행위

를 신고한 자에게 보복조치를 하는 것을 금지하고, 이를 위반하는 경우 제재규정을 도입했다.

21) 2016년 3월 개정에서는 담합을 자진 신고하여 제재를 감경 또는 면제받은 자가 새로운 위반행위를 자진 신고하더라도 감면일로부터 5년 이내에는 제재를 감면할 수 없도록 하고, 부당한 국제계약 체결과 관련한 조항을 삭제하며, 분쟁조정 신청 시 시효 중단 등을 규정했다.

22) 2017년 4월 개정에서는 공시대상 기업집단과 상호출자제한 기업집단으로 구분하여 대기업집단 규제를 차등화 했고, 공정거래위원회의 자료제출 요구에 불응 시 이행강제금을 부과할 수 있는 근거 등을 마련했다.

23) 2018년 9월 개정에서는 신고사건에 대해 공정거래위원회가 직권으로 분쟁조정 절차에 의뢰할 수 있도록 했고, 부당한 공동행위나 금지되는 보복조치를 한 사업자 또는 사업자단체에 대해 3배 이내의 배상제도를 도입했다.

24) 2020년 5월 개정에서는 공정거래위원회 조사의 적법 절차를 강화하고, 조사 재량을 축소하며, 사건처리의 투명성을 제고하는 등 전반적인 법집행 절차를 정비했다. 예컨대 담합행위를 제외한 위반행위에 대해서 처분시효 기준을 행위 종료일로부터 7년으로 일원화하고, 공정거래위원회 현장조사의 경우 정규 근무시간 내에 진행하며, 조사공문에 기재된 조사기간 내에 종료하는 것 등을 규정했다.

만들고 또 만들고 …… 공정위 법제정 역사

① 〈하도급거래 공정화에 관한 법률(일명 '하도급법'이라 함)〉이 1984년 12월 31일 제정되어 1985년 4월 1일부터 시행됐다. 하도급거래에서 경제적 약자인 수급사업자의 이익을 보호하면서 동시에 하도급거래의 적정화를 위한 조치였다. 〈하도급거래상의 불공정거래행위 지정고시〉라는 경제기획원 고시를 별도의 하도급법으로 제정했다.

② 〈독점규제및공정거래에 관한 법률의 적용이 제외되는 부당한 공동행위 등의 정비에 관한 법률(일명 '카르텔 일괄정리법'이라 함)〉은 법률 제5815호로 1999년 2월 5일 제정과 동시에 즉시 시행됐다. 전문 18조와 부칙 2조로 된 이 법에 의해 18개 법률에서 규정된 20개의 카르텔을 폐지 또는 축소했다.

예컨대, 변호사, 공인회계사, 관세사, 세무사, 행정사, 변리사, 공인노무사, 수의사, 건축사 등 9개 전문자격사의 보수기준 카르텔이 폐지됐다. 수출입 카르텔, 탁주의 공급구역 제한, 보험료율 공동 산출, 중소기업제품에 대한 단체수의계약제도 등이 정비됐다. 다른 법률에서 규정된 카르텔을 정비하기 위한 목적으로 신법을 제정하는 방식을 채택한 것은 획기적이었다.

③ 〈표시 · 광고의 공정화에 관한 법률(일명 '표시 · 광고법'이라 함)〉이 1999년 2월 5일 제정되어 1999년 7월 1일부터 시행됐다. 공정거래법은 부당한 표시 · 광고행위를 불공정거래행위의 한 유형으로 규정하고 공정거래질서를 확립하는 차원에서 이전부터 규제해왔다. 그러나 공정한 거래질서의 확립은 물론 소비자의 합리적

카르텔 일괄 정리방안에 관한 공청회가 1998년 7월 23일 개최됐다.
한 개의 법률을 제정하여 다른 18개 법률에서 규정된 20개 카르텔을 정리하는 작업이었다. 수많은 반대의견이 공청회, 입법예고 등을 통해 제기됐지만 〈카르텔 일괄정리법〉이 1999년 2월 5일 제정과 동시에 즉시 시행됐다.

〈표시·광고의 공정화에 관한 법률 제정안〉 공청회가 1998년 7월 14일 개최됐다. 시장구조가 공급자 중심에서 소비자 중심으로 옮겨지면서 소비자에게 올바른 상품 정보를 제공하는 것이 중요한 과제였다. 이를 위해 표시·광고에 관한 규정을 공정거래법에서 분리하여 〈표시·광고〉로 제정했고 1999년 2월 5일 공포했다.

선택을 보장하는 것을 목적으로 하는 종합적인 표시·광고정책의 필요성이 제기돼 별도의 법률로 제정했다.

④ 〈전자상거래 등에서의 소비자보호에 관한 법률(일명 '전자상거래법'이라 함)〉은 2002년 3월 30일 제정되어 2002년 7월 1일부터 시행됐다. 통신판매, 인터넷 거래, 전자거래, 우편 등과 같이 거래의 전부 또는 일부가 전자문서 또는 우편·전기통신 등의 방법으로 이루어지는 상거래에서 공정한 거래에 관한 사항을 규정한다. 판매자와 구매자가 직접 접촉하지 않고 이루어지는 거래에서 발생하는 분쟁이나 피해를 방지하여 소비자의 권익을 보호하고 시장의 신뢰도를 높이기 위해 제정했다.

⑤ 〈가맹사업거래의 공정화에 관한 법(일명 '가맹사업법'이라

함)〉은 2002년 5월 13일 제정되어 2002년 11월 1일부터 시행됐다. 가맹사업 분야에서 공정한 거래질서를 확립하고, 가맹본부와 가맹점사업자가 대등한 지위에서 상호 보완적으로 균형 있게 발전하도록 하기 위해 제정됐다. 가맹본부의 정보공개서 등록과 정보 제공, 가맹금 예치제도, 허위·과장된 정보제공 금지, 점포환경개선 강요 제한, 영업시간구속 금지 등을 규정하고 있다.

⑥〈대규모유통업에서의 거래 공정화에 관한 법률(일명 '대규모유통업법'이라 함)〉은 2011년 11월 14일 제정되어 2012년 1월 1일부터 시행됐다. 이 법은 막강한 구매력을 갖는 백화점, 대형마트, TV홈쇼핑, 인터넷쇼핑몰 등 대규모 유통업자들이 납품업자나 매장 임차인 등과 같은 거래상대방에게 불공정한 거래를 하는 것을 방지하기 위해 제정했다. 상품대금 감액, 상품대금 지급 기한, 부당한 반품, 판매촉진 비용의 분담의무, 부당한 영업시간 구속 등에 관한 사항을 규정하고 있다.

⑦〈대리점거래의 공정화에 관한 법률(일명 '대리점법'이라 함)〉은 2015년 12월 22일 제정되어 2016년 12월 23일부터 시행됐다. 상품 공급업자와 대리점 사이의 거래가 대등한 지위에서 상호 보완적으로 발전할 수 있도록 하기 위해 제정했다. 서면 계약서를 작성하여 주고받기, 구입 강제 또는 경제적 이익제공을 강요하는 행위의 금지, 판매목표를 강제하거나 경영 활동에 간섭하는 행위의 금지 등을 규정하고 있다.

2장. 중국의 독점규제법 제정과 집행

2.1. 독점규제법 제정 움직임과 첫 결과

중국은 국가계획경제를 기반으로 했으므로 독점규제법이 존재하기 어려웠다. 독점규제법이 시장기구는 물론 경쟁을 전제로 성립하는 법이기 때문이다. 그런데 중국이 변화했다. 1978년 12월 공산당 11기 3차 중앙위원회 전체회의'3중전회; 中全會'라 함에서 '개혁 개방' 노선을 채택했다. 이어서 1993년 11월 14기 3중전회에서는 사회주의 시장경제체제의 기본 구도를 확정했다. 중국에서도 시장경제원리가 채택되고 경쟁의 중요성이 점차 확산됐다.

그리고 국무원이 반포한 규범성 문건에서도 경쟁을 언급했다. 예컨대,

중국 공산당 11기 전국대표회의 중앙위원회가 1978년 12월 열렸고, 오른쪽 사진 속 가운데 인물이 권력 전면에 등장한 덩샤오핑(鄧小平)이다.
이 3차 회의에서 '개혁 개방'노선이 채택되어 중국 현대사의 가장 중요한 기점이 만들어졌다. 전국대표회의는 대략 5년마다 개최되고, 그 사이에 중앙위원회가 개최되며, 3차 회의에서 보통 경제정책 방향을 결정한다. 출처 : naver 검색.

1980년 10월 17일 〈사회주의경쟁 전개 및 보호에 관한 임시규정〉이 대표적이었다.[16] 이 규정에서 경쟁을 통해 생산요소의 효율성과 경제주체의 능력이 최대한 발휘되도록 하는 원리의 도입을 허용하고 발전시키자고 명시했다. 계속해서 1986년 〈기업개혁 심화 및 기업 활동 증강에 관한 약간의 규정〉, 1987년 〈가격관리조례〉, 〈광고관리조례〉, 1987년 〈기술계약법〉 등에서도 경쟁의 개념이 연이어 등장했다.[17]

중국은 1987년부터 각종 법규에 흩어져있던 규정들을 통합하여 전국 규모의 법률을 제정하려는 노력을 시작했다. 1985년 〈산업재산권 보호를 위한 파리협약〉의 회원국으로 가입하는 바람에 '불공정한 경쟁행위 금지의무'를 이행해야하는 상황에 처한 것도 하나의 계기가 됐다.[18] 그런데 입법화 과정에서 표출된 다양한 의견이 단일안으로 조정되지 않았다. 기존의 여러 규정들을 둘러싸고 관련 부처의 이해관계가 얽혔기 때문이었다.

대표적인 이견 중 하나는 독점행위와 불공정행위에 대한 규제를 분리할 것인지 통합할 것인지 여부였다. 독점행위에 대한 규제(이를 '반독점'이라 함)는 독점적 지위를 보유한 기업의 행위나 독점적 시장구조의 형성을 규제하자는 입장이었다. 불공정행위에 대한 규제(이를 '부정경쟁 방지'라 함)는 독점을 전제로 하지 않는 상황에서 사업자간에 발생하는 시장질서 교란행위를 규제하자는 입장이었다. 양자를 분리하자는 의견과 통합하자는 의견이 맞섰다. 또 초기에는 분리하고 이후의 경제상황에 맞는 부정경쟁 방지행위를 포괄하는 법률은 제정하자는 절충안도 나왔다.[19]

국무원은 1987년 법제국이 주도하고 국가경제체제개혁위원회와 국가공상행정관리국 등 7개 부서가 참가하여 〈독점 및 부정경쟁 금지 조례〉를 작성했다. 이 조례에서는 반독점과 부정경쟁 방지를 함께 규정했다. 그러나 이후 반독점법 제정은 시기상조라는 내부 비판이 있었다.

중국은 반독점과 부정경쟁 방지를 분리하는 방향으로 입법을 진행했다. 이런 방향으로 입법을 추진한 것은 독일 사례를 참고한 것이라고 생각된다. 독일은 불공정거래행위를 규정하는 〈부정경쟁방지법UWG〉과 카르텔, 시장지배적지위 남용, 기업결합 등을 규정하는 〈경쟁제한방지법GWB〉을 함께 운영했기 때문이다.

1989년 이후 부정경쟁 방지를 위한 법률안을 작성하면서 반독점 조항은 거의 삭제됐고 부정경쟁 방지 관련 조항만 남았다.[20] 그리고 1991년 말 부정경쟁 방지법 제정이 전국인민대표회의'전인대; 全人代'라 함 상무위원회의 입법계획에 포함됐다. 국가공상행정관리총국에서 〈부정경쟁 방지법(의견 수렴본)〉 초안을 작성했다.

1993년 6월 국무원은 법률안의 심사를 전인대에게 요청했고, 심의 의견을 반영하여 수정했다. 여러 번의 수정을 거쳐 1993년 9월 2일 8기 전인대 상무위원회 3차 회의가 정식으로 〈부정경쟁 방지법〉을 통과시켰다.

그런데 이 법은 1980년대 후반에 시기상조라는 이유로 유보됐던 독점행위에 관한 규정을 총 11개 종류의 위반유형 중 5개 행위[21]에 포함시켰다. 결국 부정경쟁 행위를 주로 금지하면서도 반독점에 관한 사항이 불완전한 형태로 편입된 혼합형태의 입법이었다. 그래도 중국이 오랫동안 독점규제법 제정을 시도해 얻어낸 소중한 첫 결과였다.

2017년 11월 4일 12기 전인대 상무위원회 30차 회의는 〈부정경쟁 방지법〉을 개정하여 위반유형을 대폭 수정했다. 기존의 11개 유형에서 다른 법과 중복되는 5개 행위 즉, 끼워 팔기, 부당 염매, 공용기업의 경쟁제한행위, 행정 권력을 남용하는 경쟁제한행위, 입찰부정행위를 삭제했다. 그리고 인터넷 거래의 급증 현상을 반영한 위반행위를 신설했다.

따라서 현재 〈부정경쟁 방지법〉이 금지하는 행위는 7가지 유형이다. 상표 도용이나 가짜 상품·유사상품 등의 제조·판매, 상업적 뇌물 공여, 허위 또는 오해를 유발하는 상업홍보, 상업비밀 침해, 부정당한 경품판매, 상업적 명예를 비방하는 행위, 인터넷 기술을 이용한 부당행위 등이다.

한편, 〈부정경쟁 방지법〉 제정 이후 반독점에 관한 사항은 여러 개의 법률과 법규에 산발적으로 규정됐다. 1998년 5월 1일 시행된 〈가격법〉은 제14조에서 부정경쟁 가격행위로 가격 담합, 부당 염매, 가격차별 등과 같은 가격독점행위를 규정했다.

2000년 1월 1일 시행된 〈입찰투찰법〉에서는 입찰모집인이 잠재적인 투찰자에게 차별대우 또는 기타 투찰자간 경쟁을 제한하는 행위를 하는 것을 금지했다. 2003년 국가발전및개혁위원회는 〈가격독점행위 잠정규정〉을 제정하여 사업자 담합 또는 시장지배적지위 남용을 통해 시장을 조정하고 가격을 조절하는 것, 정상적인 생산경영 질서를 어지럽히는 것, 다른 경영자 또는 소비자의 권익에 손해를 입히는 것 또는 사회공공이익을 위협하는 가격독점행위를 금지했다.

2004년 실시된 〈대외무역법〉은 제32조 제1항에서 "대외무역경영활동 중 반독점과 관련된 법률·행정법규의 규정을 위반하여 독점행위를 실시해서는 안 된다"고 규정했다. 2006년 상무부 등 6개 부처와 위원회가 연합하여 발표한 〈외국투자자의 국내기업 합병에 관한 규정〉은 반독점 심사를 1개의 장에 포괄적으로 규정했다.

2.2. 〈반농단법反壟斷法〉이라는 독점규제법 제정

반독점에 관한 규정이 여러 개의 법에 분산되다보니 완벽하지 못했고 통일적이지도 못했다. 법집행 주체가 다양하다보니 담당 기관이 불분명하거나 충돌되는 경우도 있었다. 관련 규정들의 효력도 낮아 독점행위를 제재하기에는 부족했다. 일부 지방행정기관은 행정 권력을 남용하여 경쟁을 배척하고 제한하기도 했다.

그리고 사회주의 시장경제가 발전함에 따라 반독점을 규제해야한다는 사회적 요구가 증가했다. 기업 간 합병과 구조조정이 활발해 지면서 민간 분야에서의 독점문제도 대두했다. 일부 다국적기업들은 독점적 지위를 남용하여 중국 국내기업을 압박하는 경우도 발생했다.

이러한 요인들이 종합적이고 전문적인 반독점법을 제정하는 배경이 됐다.[22] 특히 21세기로 진입한 이후 경제 분야에서 세계화가 빠르게 진행되고 중국의 WTO 가입과 지식경제가 빠르게 발전하는 새로운 환경이 전개됨에 따라 통일적이고 완벽한 반독점법 제정이 절실히 필요했다.[23]

반독점에 관한 법제정이 입법계획에 포함된 것은 1994년, 1998년, 2003년, 2004년, 2005년 등 5차례나 됐다. 마침내 2006년 국무원 상무위원회에서 법안을 수정하여 전인대 상무위원회에 제출하기로 했다. 그리고 2006년 6월 반독점법(초안)이 10기 전인대 상무위원회 12차 회의에 상정되어 심의됐다. 이어서 2007년 8월 30일 10기 전인대 상무위원회 제29차 회의에서 통과됐다. 마침내 중국에서 반독점법이 〈반농단법反壟斷法〉이라는 이름으로 제정되어 2008년 8월 1일부터 시행됐다.[24]

중국의 독점규제법이 완성되기까지 20년 이상의 세월이 흘렀다. 대략적

반독점법이 신속히 제정되기를 촉구하는 2007년 8월 24일자 기사에 실린 만화.
독점기업으로 비유되는 덩치 크고 느린 거북이가 농단(壟斷; 독점행위를 의미)을 하는 중에 날렵한 토끼가 "길 막지 마, 나 좀 지나가게 해줘"라고 말하며 법통과를 촉구하고 있다.
출처 : 2017년 8월 24일 『중국신문망』 기사 (http://news.sina.com.cn/c/2007-08-24/092513734216.shtml)

2007년 8월 29일 10기 전인대(全人代) 상무위원회 29차 회의 3차 전체회의에서 전인대 법률위원회 주임위원 양경우(杨景宇)가 반독점법(초안 3차 심의고) 개정의견을 보고하고 있다.
이 법안은 바로 다음날인 8월 30일 전체회의에서 통과됐다.
출처 : 2017년 9월 11일『중국신문망』기사 (http://news.ifeng.com/mainland/200709/0911_17_221241.shtml)

으로 큰 흐름을 살펴보면 1980년 〈잠행규정〉 발표 이후, 1993년 〈부정경쟁방지법〉, 1998년 〈가격법〉을 거쳐 2008년 반독점법으로 이어졌던 것이다. 입법 과정에서 독점의 개념, 사회주의 경제체제와의 조화, 독점규제법의 도입이 중국경제에 이익이 되는지, 행정기관 독점을 어떻게 다룰 것인지 등과 같은 많은 이슈에 대해 격렬한 논쟁이 있었다. 이를 해결하면서 입법에 성공했던 것이다.

반독점법은 4개 유형의 경쟁제한행위를 규정했다. 미국·독일·일본 등 여러 나라의 법·제도를 충분히 연구하여 국제적으로 독점규제법의 규제대상이 되는 3개 위반유형으로 ①사업자간 독점 협의(보통 '카르텔'이라 함), ② 사업자의 시장지배적지위 남용행위, ③경쟁을 제한하는 경영자 집중(보통 '기업결합'이라 함)을 규정했다. 그리고 중국 특유의 위반유형으로 ④행정기관이나 공공기관의 경쟁제한행위에 대해서도 규정했다.

독점 협의에는 경쟁 관계에 있는 사업자간의 수평적 독점 협의와 재판매 가격 유지행위와 같이 수직적인 관계에 있는 거래상대방과의 독점 협의가 있다. 시장지배적지위를 가진 사업자의 독과점적 남용행위로는 가격 남용, 부당 염매, 거래 거절, 배타적 거래, 끼워 팔기, 차별 거래 등 7가지 유형이 있다.

경쟁을 제한하는 기업결합에 해당하는 '경영자 집중'은 합병, 지분 또는 자산 취득을 통한 지배권 취득, 계약 등을 통한 지배권 취득을 말한다. 행정 권력을 남용하는 행위로는 사업자 지정 거래, 상품이동 방해, 다른 지역 사업자의 입찰제한, 다른 지역 사업자의 투자 제한, 독점행위 강요 등을 규정 하고 있다.

2.3. 독점규제법 집행기구

중국의 독점규제법 제정과정에서 중요하면서 해결하기 어려운 문제는 법집행기구의 설치방안 이었다. 관련기관의 권한이나 이익과 관련되어 매우 민감한 문제였기 때문이다. 학자와 전문가, 관련기관 등의 의견은 대략 별도의 집행기구를 설치하는 방안과 기존의 집행기구를 존치시키는 방안 으로 나뉘었다.

다수 학자들은 기존 부처들을 그대로 집행기구로 지정하지 말고 하나로 통합하여 독립적인 기구를 새로 창설하는 것이 적절하다고 했다. 집행기구 형태는 위원회 조직으로 하여 '국가공정거래위원회' 또는 '국무원 반독점위 원회'로 칭하자고 주장했다. 그리고 국무원의 총리 직속기관으로 하고 인사 편제와 재무는 인사부와 재정부에서 담당하며, 반독점 안건 심사에 있어서 는 고도의 전문성과 독립성이 있는 결정권을 보유해야 한다는 견해였다.

구체적인 기구설치 방안으로는 위원회를 여러 개의 급으로 설립할 수는 없고, 영토가 넓은 특징 등을 감안하여 설치하자는 의견이었다. 이에 따라 중앙과 성급(성·자치구·직할시)의 두 개 단계로 설치하거나, 성급 규모의 지역에 중앙의 사무기구를 두는 방식을 주장했다.

그런데 관련 부처들은 새로운 집행기구의 신설이 현실적으로 어렵다는 점을 지적하며 통합기관의 설치를 반대했다. 그리고 기존의 집행기구 중에서 지정하는 것이 타당하다고 주장했다. 아울러 기능 상 업무와의 관련성과 역사적 배경 등의 관점에서 각각의 부처가 가장 적합하다는 입장이었다.

이 쟁점과 관련하여 반독점법 초안에서는 기본적으로 집행기구를 국무원이 규정한다고 했다.[25] 최종 통과된 반독점법은 집행체계를 이원적으로 규정했다. 총칙 제9조에서 국무원이 반독점위원회를 설립하여 반독점 업무를 실시·협조·지도한다고 했다. 그리고 제10조에서 국무원이 규정하는 기구(통칭하여 국무원 반독점법 집행기구)가 집행업무를 담당한다고 했다. 또한, 지역의 경우 성, 자치구, 직할시 인민정부에 상응하는 기구에 권한을 부여하고, 그 법 규정에 따라 관련 반독점 집행업무를 담당하도록 했다.

우선, 반독점위원회는 독점규제 정책과 관련된 연구 및 기획, 시장 경쟁 상황에 관한 조사·평가, 가이드라인의 제정 및 공표, 독점규제업무의 조정, 국무원이 규정한 기타 업무를 수행하도록 했다. 그러므로 위원회는 준입법적 권한을 갖고 독점규제 정책을 마련하는 기관이고, 독점규제법을 구체적으로 집행하는 기관은 아니다.

반독점위원회는 독점규제 정책과 관련된 여러 부처의 차관급 이상 공무원들로 구성된 비상설 협의체이다. 2018년 7월 11일 국무원이 발표한 통지문에 따르면 위원회는 주임 1명, 부주임 2명, 위원 14명, 비서장 1명으로 구성된다. 주임은 국무위원이고 위원은 관련되는 14개 부처[26] 차관급 인사로 구성된다.

그리고 반독점위원회의 일상적·행정적 업무를 처리하는 담당 조직은 상무부 반독점국에 있었다. 그런데 2018년 3월 국무원 조직개편 이후에는 시장감독관리총국 반독점국으로 이관됐다.

그리고 독점규제법을 실제로 집행하는 기구가 있는데 다른 나라의 집행기구와 달리 복잡했다. 중국의 집행기구는 '다기구多機構'와 '쌍층雙層'으로 표현되어 왔다. 다기구는 하나의 기구가 아닌 여러 개의 기구가 법을 집행한다는 의미이고, 쌍층은 중앙과 지방을 두 개의 층으로 구분하여 기구를 둔다는 의미이다.

우선 중앙 차원에서 여러 개의 기구가 법집행을 하게 됐다. 이것은 법은 물론 집행기구가 오랜 기간을 거치는 동안 여러 개로 나뉘어졌기 때문이었다. 독점규제법이 제정된 이후에는 기존 집행기관 간 업무조정에 난항이 있었고, 관련 업무에 대한 전문성과 경험의 부족 등도 기관 통합을 어렵게 했다. 결과적으로 통일적인 기구를 신설하지 못하고 기존에 업무를 담당하던 기구에서 그대로 집행하는 방식의 타협이 이뤄졌다.

따라서 1993년에 시행된 〈부정경쟁 방지법〉은 공상행정총국이 집행했고, 1998년에 시행된 〈가격법〉의 집행은 발전개혁위원회가 담당했다. 그리고 2008년에 시행된 반독점법 집행은 상무부(기업 결합), 발전개혁위원회 (가격관련 위법행위), 공상행정총국(가격 이외의 위법행위)에서 나누어 집행했다. 각 기관은 장관급 행정기관이지만 실제 독점규제법 집행을 담당하는 조직은 각 기관에서 1개의 국 수준이었다.

이처럼 복잡한 집행기구는 지방정부에서도 마찬가지였다. 발전개혁위원회의 업무는 지방정부의 물가국이 담당했고, 공상행정총국의 업무는 지방정부의 공상관리국이 담당했다. 다만, 기업결합 심사는 지방정부에는 권한이 없고 중앙의 상무부만 담당했다.

중국의 독점규제법 집행기구 변천

기구 개편 이전		기구개편 이후(2019년 3월)	
집행기구	소관 법률	집행기구	소관법률
발전개혁위원회 (가격감독 검사 및 반독점국, 11개 과)	반독점법 (가격관련 위법행위), 가격법	시장감독 관리총국 (반독점국, 가격감독 검사 및 반부정당 경쟁국, 19개 과)	반독점법, 부정경쟁 방지법, 가격법
상무부 (반독점국, 7개과)	반독점법 (기업결합)		
공상총국 (반독점 및 부정경쟁 방지법 집행국, 8개 과)	반독점법 (가격이외 위법행위), 부정경쟁 방지법		

한편, 중국은 2018년 3월 21일 국무원 기구개편을 확정하여 복잡한 집행구조를 단순화했다. 기구개편의 기본방향 중 하나가 업무중복 제거를 통한 효율성 제고였고, 이러한 관점에서 시장에서의 위법행위를 감독하는 기능을 대폭 통합했다. 기존의 독점규제법 집행기관이 3개 부처에 분산되어 있어 법집행의 통일성이 결여됐고, 부처마다 다른 기준으로 법을 집행하게 되면 기업을 효과적으로 통제하기 어려운 문제가 있다는 지적이 있었다.

이러한 비판에 따라 기존의 공상행정관리총국을 기반으로 법집행기구를 통합하여 국가시장감독관리총국을 신설했다. 반독점법·부정경쟁 방지법·가격법 집행이 모두 하나의 조직에서 담당하게 됐다. 시장감독관리총국은 기존의 독점규제법 집행 이외에도 시장 종합관리 및 시장주체 등록, 품질·안전, 식품 안전과 검사, 계량·표준화·인증 업무를 통합한 초대형 조직이 됐다.

국가시장감독관리총국장은 장관급이고 국무원이 임명한다. 총국장의 임기에 관한 별도의 규정은 없다. 차관급인 부총국장은 6명이고, 그 중 독점규제법 분야를 담당하는 부총국장은 1명이다. 시장감독관리총국에는 총 27개의 국이 있고, 그 중 독점규제법 집행을 담당하는 국은 2개이다. 반독

중국 국가시장감독관리총국의 2018년 4월 11일 현판식 모습.
이 기관은 시장 전반을 총괄적으로 감독하는 장관급 행정기관으로 차관급 총부국장 6명과 그 아래 27개 국으로 구성된 초대형 조직이다.
독점규제법 분야는 총부국장 1명과 그 아래의 2개 국에서 담당한다. 나머지 총부국장 5명과 25개 국은 각각 일반 행정, 시장 종합관리 및 시장주체 등록, 품질·안전, 식품 안전과 검사, 계량·표준화·인증 분야를 담당한다.

점국은 반독점법을 집행하고, 가격감독 검사 및 반부정당 경쟁국은 가격법과 부정경쟁 방지법을 집행한다. 2개 국은 각각 40여 명씩으로 구성됐다.

지방정부에도 시장감독관리국을 설치해 독점규제법을 통합 집행하도록 했다. 다만, 지방의 시장감독관리국은 독점규제법 집행 외에도 품질검사, 식·약품 검사, 특수설비검사 등 다양한 분야의 관리감독을 함께 수행한다. 그러므로 직원들이 독점규제법 집행에 대한 전문지식을 갖추고 필요한 훈련을 해야 한다는 의견이 많았다. 이에 따라 중앙의 시장감독관리총국과 지방 시장감독관리국들은 직원들의 역량 강화에 역점을 두고 있다.

정부조직 개편에 따른 집행기구 통합에 대해서는 3개 기구를 1개로 통합함으로써 중복과 혼란을 줄이고 통일적인 법집행이 가능해졌다는 측면에서는 긍정적으로 평가된다. 그러나 선진 경쟁당국의 위원회처럼 전문성과 독립성을 갖춘 집행기구가 아니라 일반 정부부처와 같은 하나의 독임제獨任制 기관에서 법집행을 한다는 점에서 절반의 진전이라는 평가도 있다.[27]

2.4. 위반행위에 대한 제재와 형벌규정의 부존재

중국의 독점규제법 집행은 행정기관인 시장감독관리총국의 행정절차로 이뤄진다. 시장감독관리총국의 조사권한과 절차는 반독점법 제6장과 〈부정경쟁 방지법〉 제3장에 규정되어 있고 그 내용은 대동소이하다. 2018년 12월 21일 〈시장감독 관리 행정처벌절차 임시규정〉이 공포됐고, 이 규정은 시장감독관리총국과 지방의 시장감독관리부서가 사건을 처리하는 절차에 대해 상세히 규정하고 있다.

독점규제법 위반행위에 대한 조사는 신고 또는 직권인지로부터 시작된다. 조사가 완료되면 사건담당자는 조사보고서를 작성하는 방법으로 심사한다. 이어서 위법행위 점검기구 책임자, 안건취급부서 책임자, 법제부서 책임자 등으로 구성된 심리회의에서 조사보고서를 근거로 심의가 이루어진다.

행정처벌을 내리기로 결정하면 결정내용과 결정 사실, 이유, 근거를 적시한 행정처벌결정 사전고지서를 당사자에게 교부한다. 그리고 당사자에게 법에 따른 진술, 항변권이 있음을 알린다. 청문요건에 부합하는 경우 청문의 권리도 함께 고지하고, 당사자가 청문을 신청한 경우 청문회를 개최해야 한다. 사안이 복잡하거나 위법소득 몰수 2억 위안 이상, 과징금 1억 위안 이상에 해당하는 엄중한 처벌을 할 경우에는 집단토론을 거쳐서 결정한다. 행정처벌이 결정되면 당사자에게 행정처벌결정서를 교부한다.

반독점법 위반행위에 대한 행정적 제재로는 독점 협의와 시장지배적지위 남용행위에 대해서는 시정명령, 위법소득 몰수, 직전년도 매출액의 1%

이상 10%이하의 과징금을 부과할 수 있다. 경쟁제한적 기업결합에 대해서는 이를 금지하거나, 조건부로 승인할 수 있고, 기업결합 실시 중지, 지분 또는 자산의 처분, 영업양도 금지 등을 명할 수 있다. 행정권력 남용행위의 경우 상급기관이 시정을 명하고 직접 책임이 있는 자를 처벌할 수 있다.

행정제재에 대해 불복하는 경우 행정재심의를 신청하거나 행정소송[28]을 제기할 수 있다. 기업결합에 대한 금지 결정 또는 제한성 조건을 부가한 결정에 대해서는 행정재심의를 신청할 수 있고, 재심의 결정에 불복하는 경우에는 행정소송을 제기할 수 있다.

〈부정경쟁 방지법〉위반행위에 대해서는 위반행위 중지명령, 위법소득 몰수, 과징금, 영업허가 취소와 같은 행정제재가 가능하다. 과징금은 행위 유형마다 상·하한액이 다르고, 사안이 중대해 영업허가 취소가 적용되는 행위유형은 제한적이다. 처벌결정에 불복하는 경우에는 역시 행정재심의를 신청하거나 행정소송을 제기할 수 있다.

한편, 중국에는 독점규제법 위반행위에 대한 형사벌칙이 없다. 법위반행위에 대해 형사책임 조항을 두어야 하는지에 대해 일찍부터 학계에서 논쟁이 있었다[29]. 형사책임 규정을 두어야 한다는 학자들은 독점행위가 자유롭고 공정한 유효경쟁 질서를 직접적으로 침해하여 시장경제의 기초를 훼손하고 국가의 이익과 사회공공의 이익에 손해를 주기 때문에 형벌 부과의 필요성이 있다고 주장한다.[30]

반대편 견해는 독일의 〈경쟁제한방지법〉과 같이 형사 벌칙이 없어야 한다고 주장한다. 그 이유는 독점규제법의 내용이 모호성을 가질 수밖에 없고, 이 법에 형사책임 규정을 두는 경우 이를 실현하는 수단은 벌금과 징역 등인데, 벌금은 거액의 행정적 제재를 통해서도 충분히 실현할 수 있다는 입장이다.[31]

2005년 반독점법 초고 제53조에는 '동법을 위반한 행위가 범죄를 구성하면 법에 따라 형사책임을 묻는다'라는 원칙적 조항이 규정되어 있었다. 그리고 2006년 초고까지도 이 조항이 존재했다. 그러나 최종 통과된 2007년 반독점법에서 삭제됐다.[32] 이 조항이 왜 삭제됐는지에 대해서는 잘 알려져 있지 않은데, 일부 학자는 그 이유 중 하나로 중국 반독점법 제정 시 독일의 〈경쟁제한방지법〉을 모델로 했고 독일법에 형사책임 규정이 없었기 때문이라고 한다.[33]

현재 중국의 반독점법에서 독점 협의, 시장지배적지위 남용행위, 기업결합 제한 등 실체법 위반행위에 대해 형사책임을 규정한 조항은 없다. 다만, 제52조와 제53조에서 조사방해 · 직권남용 · 비밀누설 등과 같이 집행절차를 위반해 범죄를 구성할 경우 법에 따라 형사책임이 있다는 조항이 존재한다. 그리고 독점규제법 상의 위법행위에 적용될 수 있는 형법상 죄에는 형법 제2편 제3장 제8절 '시장교란죄'중 제223조 '입찰담합죄'와 제225조 불법경영죄의 제4항 '시장질서를 중대하게 교란하는 기타의 불법경영행위'정도가 해당된다.

그리고 〈부정경쟁 방지법〉의 경우 2018년 1월 1일 개정 이전에는 가짜상품판매, 공무원의 직권남용 · 부정행위에 대해서만 형사책임을 규정했다. 그런데 개정법 제31조는 '동법 상 위반행위가 범죄를 구성할 경우 법에 따라 형사책임을 추궁한다'고 규정하여 실체적 위법행위를 형사책임의 대상으로 했다. 그러나 〈부정경쟁 방지법〉 위반행위에 대한 형사 처벌을 위해서는 그 행위가 형법상 범죄에 해당해야 하므로, 결국 형법 위반행위에 대해 처벌하는 것이라고 하겠다.

2.5. 독점규제법 집행 현황

중국은 독점규제법 집행의 역사가 길지 않다. 그런데 반독점법 집행의 경우 최근으로 오면서 더 많은 사건을 처리하고, 더 다양한 사건에 대해 더욱 강력하게 처벌하는 경향을 보이고 있다.

초창기에는 가격 담합이나 시장 분할 등과 같은 독점협의 위반에 대한 법집행이 주로 이뤄졌다. 최근에는 시장지배적지위 남용행위에 대한 법집행도 증가하고 있다. 법 시행 초기 액수가 크지 않았던 과징금 등 경제적 제재 수위도 높아지고 있다.

시장지배적지위 남용행위와 관련하여 2015년 퀄컴에 대해 60억 위안, 2016년 스위스포장회사 테트라팩에 대해 6.6억 위안을 부과하는 등 대규모 과징금 부과 사건이 증가하고 있다. 행정 독점의 경우 행정기관·공공기관 등이 지정한 사업자와 거래하도록 하는 행위가 압도적으로 많은 것으로 나타났다.

기업결합의 경우 기업결합 신고가 매년 증가 추세인 가운데 2018년까지 금지 결정은 총 2건, 조건부 승인은 총 39건이었다. 조건부 승인 39건이

重罚　　　　　　　　　　新华社发　徐骏 作

중국이 2015년 2월 미국의 통신장비회사 퀄컴에 대해 60.88억 위안의 과징금을 부과했다는 보도.
반독점법 제정 이후 최대 규모의 과징금을 부과한 사건으로 퀄컴이 특허료 남용 등 시장지배적지위를 남용했다고 판단했다. 중국은 반독점법에 형벌 규정이 없어 시장감독관리총국의 행정제재만으로 집행하는데, 이는 독일을 모델로 한 집행방식이라고 한다.
출처 : 2015년 2월 11일 『학벽일보』 기사 (http://paper.hebiw.com/epaper/hbrb/2015/02/11/RB04/story/1080239.shtml)

모두 외국기업 간 또는 외국기업과 중국기업 간 결합이었고, 중국기업 간 결합을 조건부 승인한 사례는 없었다. 이러한 결과는 기업결합 신고의 약 90%가 외국기업이 관여하는 기업결합이기 때문이라고 하겠지만, 일부에서는 다수의 국가가 승인한 기업결합에 대해 중국이 엄격히 심사해 조건을 부가한 것이라는 지적도 있다.

아울러 중국은 독점규제법 위반조사를 국가경제 발전이나 집중육성 산업 보호를 위한 수단으로 사용하는 경향이 있다. 중국이 2013년 이후 글로벌 기업에 대해 조사를 진행한 산업분야는 주로 반도체, 지적재산권, 자동차, 해운 등의 분야였다. 그런데 이들 분야는 모두 중국이 집중 육성하려고 하는 산업분야와 대체로 중복된다.

1993년 시행된 〈부정경쟁 방지법〉은 2017년까지 시행됐고, 2018년부터 새롭게 개정된 법률이 시행됐다. 개정 이전 법률에는 반독점법과 중복되는 법위반행위 유형이 있었고, 이로 인해 독점적 지위에 있는 사업자에 대해서만 법집행이 이뤄졌다. 그러나 법 개정으로 중복규정이 사라지면서 독점적 지위 여부와 상관없이 불공정한 수단으로 경쟁하는 행위에 대한 법집행에 집중하게 됐다.

〈부정경쟁 방지법〉 집행은 국민 생활과 밀접한 분야의 이슈를 해결하는 데에 중점을 두고 있다. 관련 업종과 분야는 전기공급, 수도공급, 철도, 항공, 통신, 우편, 석유, 석유화학, 금융, 담배, 관광 등으로 매우 다양하다. 위반행위를 유형별로 살펴보면 모방 등 지식재산권 침해행위에 대한 법 집행건수가 압도적으로 많았고, 이어서 허위 홍보행위에 대한 법 집행도 활발했다.

3장. 다른 국가들의 독점규제법 제정과 집행

　독점 재벌의 큰 폐해를 경험하지 않은 국가일지라도 경제가 발전하면서 시장경제 운영의 기본질서를 규율하는 법·제도가 필요했다. 그래서 각 국가들은 독과점 규제를 담당하는 기본법을 제정하고 있다. 국가별로 법 제정을 추진한 배경이나 과정에 차이가 있지만 국가가 민간기업 활동에 개입하는 법을 제정한 것이다.

　각 국가들이 제정한 독점규제법의 규정은 미국법에서 시작된 기본 틀을 크게 벗어나지 않았다. 카르텔, 독과점기업의 불공정행위, 기업결합 심사 등을 빠짐없이 규정하며 각국의 사정에 따라 약간의 수정이나 가감을 하여 차이가 있었다. 그러나 이러한 차이는 세계화·개방화가 진행될수록 점차 수렴되어 줄어드는 경향이다. 국가 간 교류가 활발해지고 글로벌 기업의 활동 영역이 넓어지면서 이런 추세는 더욱 빨라지고 있다.

　절차적인 측면에서 별도의 집행기관을 설치하고, 이들 기관이 행정절차를 통해 집행하는 방식은 거의 차이가 없다. 차이라면 집행기구를 설치하는 방식이 위원회 방식이냐 행정기관 방식이냐 또는 양자의 혼합형태냐로 나누어진다. 미국에서와 같이 두 개의 기관으로 이중 집행시스템을 구축하는 시행착오를 범하는 국가는 찾아볼 수 없다.

3.1. 독점규제법의 확산

미국에서 시작된 독점규제법은 제2차 세계대전 패전국인 일본과 독일에 먼저 전수됐다. 이어서 다른 국가에도 전파됐다. 1970년대까지 9개 정도의 국가나 관할권juridiction[34]에서 독점규제법을 도입했다. 영국, 오스트레일리아, 프랑스, 스웨덴, 스페인, EU 등이다.

이후 독점규제법은 한국, 캐나다 등을 비롯한 나라들이 새로 제정하여 도입국가는 1990년까지 23개로 증가했다. 이후 법제정 국가들이 급증해 2013년 10월까지 127개에 달하고 있다.[35] 2016년 기준으로는 139개 국가에서 도입했다.

대부분 국가들이 독점규제법을 제정하여 앞으로의 증가 추세는 완만할 것으로 예상된다. 법을 제정하지 않은 국가들은 대부분 저개발 국가들이고, 이들 국가에서 신속히 법을 제정할 가능성은 낮기 때문이다.

아시아 국가들의 경우를 살펴보면 1980년대 이전에 일본, 한국이 도입했고, 1990년대에 대만, 태국이 도입했다. 이어서 2000년대에 9개국, 2010년대에 7개국이 각각 도입했다. 아시아에서도 거의 대부분의 국가가 독점규제법을 도입했다.

아시아 국가들의 독점규제법 도입 추세

시기 구분	도입 국가	합계
1980년대 이전	일본(1947), 한국(1980)	2개국
1990년대	대만(1992), 태국(1999)	2개국
2000년대	몽골(2000), 인도네시아(2000), 인도(2003), 피지(2004), 베트남(2005), 싱가폴(2006), 파키스탄(2007), 네팔(2007), 중국(2008)	9개국
2010년대	말레이시아(2012), 홍콩(2015), 필리핀(2015), 라오스(2015), 브루나이(2015), 방글라데시(2015), 미얀마(2017)	7개국

세계 대부분 국가들이 독점규제법을 제정했어도 그 내용이나 집행절차에서 차이가 크다. 그래도 법 시행 국가들은 대부분 경쟁제한적 카르텔, 독점과 독점화 행위에 대해 유사한 규정을 두고 있다. 기업합병 심사에 대해서도 규정을 두고 있지만, 심사 기준이나 절차에서 크고 작은 차이가 있다. 수직적 제한이나 다양한 유형의 불공정거래행위에 대해서는 국가마다 차이가 큰 편이다.

그런데 경제의 글로벌화가 계속 진행되면서 전 세계가 사실상 하나의 시장으로 통합됐다. 그러므로 각국의 상이한 제도나 관행은 국경을 초월하여 이루어지는 경제 활동에 장애가 되고, 국제적인 갈등을 초래했다. 이를 해소하기 위해 독점규제 분야에서 국제 협력이나 국제규범화 논의가 활발히 전개됐다.

이러한 노력을 통해 각국의 독점규제법이 세계적으로 통용될 수 있는 보편적인 규범이나 원칙으로 점차 수렴되는 경향이다. 그러나 국가별 경제발전의 정도와 차이, 복잡한 이해관계, 관행과 문화의 다양성 등으로 인하여 큰 진전이 이루어지지 않고 있다.

3.2. 법집행기구의 설치

각 국은 독점규제법을 제정하면서 별도의 법집행기구를 설치하는 것이 대부분이다. 기존 집행기구에 맡기지 않고 새로운 집행기구를 설치하고 있다. 이들 국가가 조직을 설치하는 형태는 크게 세 가지로 나눌 수 있다. 위원회 방식, 행정기관 방식, 행정기관과 준사법적 기관이 양립하는 방식이다.

미국과 같이 법무성과 연방거래위원회라는 두 개의 집행기구가 동일한 분야의 사건을 처리하는 이중 집행시스템dual-agency system을 도입하는 국가는 없다. 중국의 경우 2018년 3월까지 3개의 집행기구가 존재하기도 했지만, 이들 3기관은 각각 서로 다른 분야의 사건을 처리했으므로 미국의 경우와 달랐다.

3가지 방식을 살펴보면 첫째, 위원회 방식은 법집행 권한이 준입법·준사법 기능을 가진 독립위원회에 있는 경우이다. 일본을 비롯하여 한국, 호주 등이 채택하고 있는 형태이다. 경제 분야에서 발생하는 복잡한 이해관계를 조정하고, 위원의 전문성과 독립성을 활용하여 법집행을 할 수 있다.

둘째, 행정기관 방식은 법집행 권한이 독임제 행정기관에게 있는 경우이다. 행정기관과 별도로 정책이나 법규 운용 등에 관한 자문이나 보고 등을 담당하는 위원회를 별도로 설치하는 국가가 많다. 독일, 프랑스, 중국 등이 채택하고 있다.

셋째, 법집행 권한이 독임제 행정기관과 준사법적 심판소로 분리된 방식이다. 독점규제 업무를 담당하는 조직은 일반적인 경제정책 담당기관의 내부 조직이거나 소속기관이고, 준사법적인 역할은 심판소를 설치하여 경제나 법 전문가가 포함되도록 하는 조직 형태이다. 대표적으로 영국과 캐나다 등이 이런 유형이라고 하겠다.

미국의 집행방식이 일본, 독일에 전수되며 위원회 방식과 행정기관 방식으로 정립되고, 다른 국가들이 이를 채택하고 있다. 채택과정에서 각국의 역사적 배경, 행정 관행 등을 고려했고, 준사법적 심판소 형태의 조직을 가미하는 형태가 만들어졌다.

어느 조직 형태를 채택하던지 독점규제법 집행기구는 경제 분야를 대상으로 법을 집행하는 점을 감안하여 전문성과 독립성을 확보하는데 주력하는 경향이다. 경제활동이란 이윤을 극대화하는 것이 목적이므로 개인이 최대한의 창의와 활력을 발휘하도록 해야 한다. 그리고 경제를 둘러싼 이해관계가 미묘하고 복잡하며, 장·단기에 따라 전혀 다른 결과가 나타날 수 있다.

이런 활동을 대상으로 법을 적용하는 것이므로 집중적인 분석에 기초하여 고도의 전문성을 바탕으로 판단해야 한다. 어설프거나 섣부른 법적용은 경제활동을 망칠 수 있다. 한번 망가진 경제는 회복하기 어려운 결과를 초래하게 된다.

그러므로 각 국가들이 집행기구를 설치하는데 법률 전문가와 함께 경제 전문가가 참여하도록 하고 있다. 이에 대한 논의는 독점규제법이 전파되던 초창기에 있었다. 일본이 1947년 공정거래위원회를 설치하는데 미국 측은 법률 전문가만으로 위원을 구성하는 방안을 주장했다. 그러나 일본 측이 경제문제라는 점을 강조했고, 결국 미국 측이 양보했다. 이로써 일본의 집행기구는 법률 분야와 경제 분야의 전문가로 구성됐다.

이후 다른 국가들의 조직 구성에서도 이런 경향을 따르고 있다. 미국의 경우 FTC와 법무성이라는 두 개의 집행기구를 두고 있는데, 각각의 구성원들은 법률 전문가와 경제 전문가가 각각 일정 수준 이상의 비율을 차지하고 있다. 그리고 이들 전문가가 독립적으로 업무를 수행하도록 임기 규정이나 여러 신분 보장 규정을 명시하고 있다.

3.3. 법집행의 동향과 특징

독점규제법 집행은 경제 활동에 대한 법집행이다보니 전문성과 풍부한 집행 경험이 필요하다. 불공정 여부나 경쟁제한 우려 등에 대한 경제적 판단이 쉽지 않기 때문이다. 법제정 국가가 급증하면서 이들 국가들의 법 규정이 점차 수렴되고 있고, 각 국가들이 집행경험을 서로 공유하고 있다. 오늘날 전 세계적으로 법집행이 활발하게 전개되고 있는데 몇 가지 두드러진 특징이 나타나고 있다.

첫째, 각 국가의 법집행이 적극적으로 이루어지는 경향이 뚜렷하다.

2000년 이전에는 미국, EU, 독일 등 일부 국가에서 적극 집행했고, 대부분 자국 관할권 범위내의 기업을 대상으로 집행했다. 그런데 2000년 전후로 외국기업의 행위일지라도 자국에 영향을 미치는 경우 법을 집행하는 방식으로까지 진화했다.

한국 기업이 다른 나라의 독점규제 당국에 의해 재재 받은 내역을 살펴보면 각국의 법집행이 얼마나 적극적인지 쉽게 이해할 수 있다. 2019년까지 38개 기업이 9개 국가(국가에 해당하지 않는 EU 포함)로부터 총 3조 7천억원 규모의 제재를 받았다. 이를 국가별로 살펴보면 2000년 전후까지는 미국, EU의 제재가 전부였지만, 2010년 전후부터 제재 국가가 캐나다, 일본, 호주, 뉴질랜드 등으로 늘어나고, 2015년 경 중국, 브라질, 스페인 등으로 더욱 확대됐다.

이처럼 제재 국가가 늘어난다는 것은 다른 나라들이 법집행에 적극 나서고 있다는 것을 의미한다. 집행 경험이 축적되고 집행기관 간 정보교환이 활발해지는 추세여서 앞으로 법집행 경향은 더욱 활발해질 것으로 예상된다.

한국 기업이 외국 독점규제당국으로부터 제재 받은 내역

국가	품목(기업 수)	제재금액(시기)	합계(환산 금액)
미국	1. 라이신(2) 2. 핵산조미료(2) 3. D-RAM(2) 4. 항공운송(2) 5. LCD(1) 6. CDT(1) 7. 유류(3)	158만 달러(96.8) 309만 달러(01.8) 4억 8,500만 달러(05.5, 05.11) 3억 5,000만 달러(07.8, 09.5) 4억 달러(08.11) 3,200만 달러(11.3) 8,200만 달러(18.11)	13억 5,367만 달러 (약 1조 8천억원)
EU	1. 라이신(2) 2. 핵산조미료(2) 3. D-RAM(2) 4. LCD(1) 5. CRT(2) 6. 고압전선(2) 7. 스마트카드칩(1) 8. 리튬이온배터리(1)	1,721만 유로(00.6) 502만 유로(02.12) 1억 9,720만 유로(10.5) 2억 1,500만 유로(10.5) 6억 4,236만 유로(12.12) 1,750만 유로(14.4) 3,510만 유로(14.9) 5,775만 유로(16.12)	11억 8,713만 유로 (약 1조 7천억원)

국가	품목(기업 수)	제재금액(시기)	합계(환산 금액)
캐나다	1. 핵산조미료(1) 2. 항공운송(1)	17만 5천 캐나다 달러(05.9) 550만 캐나다 달러(12.7)	약 64억 원
일본	1. CRT(2)	15억 25백만 엔(09.10)	약 201억 원
호주	1. 항공운송(1)	550만 호주 달러(11.11)	약 63억 원
뉴질랜드	1. 항공운송(1)	350만 뉴질랜드 달러(12.7)	약 32억 원
중국	1. LCD(2) 2. 해상운송(1)	2억 1,900만 위안(13.1) 2억 8,400만 위안(15.12)	약 857억 원
브라질	1. D-RAM(1) 2. CRT(1)	약 7억원 (15.2) 약 65억원 (15.2)	약 72억 원
스페인	1. 자동차(1)	약 81억원(15.7)	약 81억원

둘째, 각국의 제재 수위가 높아지고 있다. 독점규제법 위반행위에 대해 대부분 국가들이 행정절차를 통해 경제적 제재를 하는데, 이러한 제재는 위반행위에 대한 벌칙이거나 또는 부당 이득의 환수라는 성격이 있다. 경제활동으로 이익을 얻은 기업에 대해 그에 상응하는 경제적 제재를 하는 것이다.

그렇다고 형사 벌칙을 부과하는 내용으로 강화되는 것은 아니다. 미국 등 극히 일부 국가를 제외하고 독점규제법 위반행위에 형사벌을 부과하지 않는다. 왜냐하면 개인의 자율과 창의를 바탕으로 하는 경제활동이 위축될 수 있기 때문이다. 그래서 각국은 독점규제법에 아예 형사벌칙을 규정하지 않았거나, 규정한 경우에도 일부 위반유형에 대해서만 규정하고 있을 뿐이다.

미국이나 EU가 개별 기업에게 부과한 제재금 내역을 살펴보면 위반행위에 대한 제재가 막대하다는 것을 알 수 있다. 하나의 위반기업에 부과한 최대 제재로는 미국의 경우 1999년 5억 달러였고, EU의 경우 2008년 약 9억 유로에 달했다. 미국에서 3억 달러 이상, EU에서 3억 유로 이상의 대규모 제재를 받은 기업이 각각 6개 였다.

이렇게 경제적 제재가 막대하기 때문에 기존 기업이 위반행위를 반복하거나, 다른 기업이 유사한 위반행위를 하는 것이 어려워졌다. 2010년 이후에 대규모 제재를 받는 기업이 나타나지 않고 있다. 경제적 제재가 위반행위를 억제하는데 효과가 있다고 할 수 있다.

미국이 개별기업에게 부과한 경제적 제재 내역

	회사명 (연도)	품 목	제재금 (백만달러)	국 적
1	호프만 라로슈(1999)	비타민	500	스위스
2	LG 디스플레이 (2008)	TFT-LCD 패널	400	한국
3	에어프랑스, KLM (2009)	화물운송료	350	프랑스, 네덜란드
4	대한항공 (2007)	화물 · 여객운송료	300	한국
5	브리티시에어 (2007)	화물 · 여객운송료	300	영국
6	삼성전자 (2005)	DRAM	300	한국
7	바스프 (1999)	비타민	225	독일
8	하이닉스 반도체 (2005)	DRAM	185	한국
9	인피니온 (2004)	DRAM	160	독일
10	SGL 카본 (1999)	흑연전극봉	135	독일

EU가 개별기업에게 부과한 경제적 제재 내역

	회사명 (연도)	품 목	제재금 (백만유로)	국 적
1	생 고뱅 (2008)	자동차유리	896	프랑스
2	티센크루프 (2007)	엘리베이터	480	독일
3	호프만 라로슈 (2001)	비타민	462	스위스
4	지멘스 (Siemens, 2007)	가스절연개폐기	396	독일
5	필킹턴 (Pilkington, 2008)	자동차유리	370	영국
6	사솔 (Sasol, 2008)	양초왁스(Candle Wax)	318	남아공
7	에니 (Eni, 2006)	합성고무	272	이탈리아
8	라파지 (Lafarge, 2002)	플라스터보드	250	프랑스
9	바스프 (2010)	비타민	237	독일
10	오티스 (2007)	엘리베이터	225	미국

셋째, 위반행위에 대해 철저한 조사가 이루어지고 있는데, 특히 카르텔에 대해서 이런 경향이 뚜렷하다. 각국의 독점규제당국은 상호 정보교환을 통해 카르텔 위반사건에 대처하고 있다. 그러므로 어느 한 국가에서 적발된 카르텔을 다른 나라 집행기관에서도 쉽게 파악하여 처리하고 있다. 앞의 표에서 라이신, 핵산조미료, D-RAM, LCD, 항공운송 등 카르텔이 여러 국가에서 적발된 것은 이러한 정보교환을 통해 관련 국가들이 해당 분야에 대한 조사를 했기 때문이다.

또한 카르텔 조사에서는 자진신고제도Leniency program를 통해 효과적인 적발을 하고 있다. 이것은 카르텔 사실을 독점규제당국에 자백하는 경우 그 기업에 대해서는 행정적·형사적 제재를 면제 또는 감경해주는 제도이다. 대개의 국가가 제일 먼저 자백한 경우에 제재를 모두 면제하고, 두 번째로 자백한 경우에는 제재를 1/2 정도 감경해준다. 이 제도를 대부분의 국가가 도입하여 카르텔 사건을 적발하는데 활용하고 있다.

미주

1 공정거래위원회, 한국개발연구원,『공정거래10년 -경쟁정책의 운용성과와 과제-』, 1991.4, 18쪽.

2 경제기획원,『공정거래백서 -새로운 경제질서를 향하여-』, 경제기획원, 1984.6, 4~5쪽.

3 시멘트, 밀가루, 설탕과 같은 3가지 가루를 생산하는 몇몇 대기업들이 과점시장을 형성하고 담합을 통해 공동으로 가격과 시장을 조작하여 폭리를 얻어 독과점의 폐해가 노출된 사건이었다.

4 당시 정부는 비록 입법 노력을 했지만, 그동안의 경제개발 정책이 성과를 냈고, 이러한 경제성장을 견인하는 것이 대기업이라고 평가하고 있었으며, 공정거래법이 아니더라도 행정지도를 통해 대부분의 경제활동에 관여할 수 있었기 때문에 경제계의 강력한 반대에도 불구하고 무리하게 입법을 추진할 의지는 크지 않았던 것이다. 국회도 마찬가지였다.

5 경제기획원,『공정거래백서』, 6쪽.

6 예컨대 1979년 2,321개 개별상품의 시장집중도를 살펴보면 상위 3사의 시장점유율이 50% 이상을 차지하는 독과점 품목이 2,071개로 89%를 차지했고, 50% 이하를 차지하는 경쟁형 품목은 250개로 11%에 불과했다. 경제기획원,『개발연대의 경제정책 -경제기획원 20년사-』, 경제기획원, 1982, 229쪽. 참조.

7 경제기획원,『공정거래백서』, 55~56쪽.

8 경제기획원,『개발연대의 경제정책』, 7~8쪽.

9 경제기획원,『개발연대의 경제정책 -경제기획원 20년사-』, 경제기획원, 1982, 417~438쪽.

10 1964년 서울대학교 상과대학 부설 한국경제연구소가 정부 의뢰를 받아 연구한 보고서에 전속고발 규정이 존재했는지 확인하지 못했다. 그런데 이 연구를 토대로 정부가 1964년 공정거래법 초안을 만들었고, 이어서 1966년 공정거래법안도 만들었다. 그리고 1966년 법안에 전속고발 규정이 존재하는 사실을 감안하면 1964년 연구 용역과 공정거래법 초안에서부터 전속고발 규정이 존재했을 것이라고 추정할 수 있다.

11 공정거래위원회,『시장경제 창달의 발자취 -공정거래위원회 20년사-』, 2001.7, 142쪽.

12 공정거래위원회, 앞의 책, 198~199쪽.

13 대규모 과징금이 대부분의 국가에서 카르텔에 부과되고 있는 것과는 다르게 한국에서는 불공정거래행위에 먼저 부과됐다. 한국에서는 2004년 12월 31일 법 개정으로 카르텔에 대한 과징금의 상한이 매출액의 5%에서 10%로 높아지면서 2005년부터 대규모로 부과됐다.

14 고발은 피고발자 기준으로 하면 건수 기준보다 약 2배 정도 늘어난다. 1개 사건에 피고발자가 여럿인 경우가 많기 때문이다.

15 일본의 형사 고발은 1947년부터 1990년까지 총 5건 이었다. 1989년 시작된 미・일구조협의를 통해 미국이 적극적인 고발을 요청한 결과 1991년부터 2018년 까지 28년 동안 총 17건을 고발하여 한 해 평균 0.6건 정도를 고발하고 있다.

16 王先林,『中國反壟斷法實施熱點問題研究』, 北京 : 法律出版社, 2011, 11쪽.

17 1986년 〈기업개혁심화 기업활동 증강에 관한 약간 규정〉은 '동일 업종에서, 일반적으로 1

개 기업이 독점하는 것은 경쟁 전개, 기술진보 촉진에 유리하게 작용하지 않는다'라고 했다. 1987년 〈가격관리조례〉와 〈광고관리조례〉는 각각 가격독점과 광고경영활동에서의 독점을 규정했다. 1987년에 통과된 〈기술계약법〉에서는 "계약조항으로 기술경쟁 및 기술발전을 제한해서는 안된다"고 규정했다.

18 강효백, 『중국 경제법(Ⅰ)(기업법)』, 율곡출판사, 서울, 2015, 533쪽.

19 이향·장려려·우진, "중국 반독점입법의 지향점", 경영법률학회 경영법률, Volume 17, Issue 4, 한국경영법률학회, 2007, 42쪽.

20 최창익, "중국 반독점법에 관한 고찰", 중국법연구 제8집, 한중법학회, 2007, 185쪽. 김종우, "중국반독점법에 대한 고찰 : 2007년 8월 30일 통과된 〈반독점법〉을 중심으로", 국제지역연구, 제11권 제3호, 국제지역학회, 2007, 1054쪽.

21 5개 행위는 〈부정경쟁 방지법〉 제6조 공용기업 및 독점지위 경영자의 경쟁제한행위, 제7조 행정적 독점행위, 제11조 원가이하 판매행위, 제12조 부당염매행위, 제15조 입찰담합행위 등이다.

22 조동제, "중국 반독점입법의 초점문제에 대한 평가와 분석", 중국학연구, Volume 45, Issue 45, 중국학연구회, 2008, 513쪽.

23 王先林, 앞의 책, 11쪽.

24 孟雁北, 『反壟斷法』, 北京大學出版社, 北京, 61~62쪽.

25 王先林, 앞의 책, 16~17쪽.

26 국가발전개혁위원회, 공업정보화부, 사법부, 재정부, 교통운송부, 상무부, 인민은행, 국유자산감독관리위원회, 시장총국, 통계국, 은행보험업감독관리위원회, 증권감독관리위원회, 에너지국, 국가지적재산권국 등이다.

27 國務院国家發展中心 研究員 魏加宁의 「中國經濟時報」와의 인터뷰 및 「財經」과의 인터뷰 참조. http://www.drc.gov.cn/xsyzcfx/20180321/4-460-2895756.htm http://www.360doc.com/content/19/0329/16/63112881_825109179.shtml

28 중국은 2심제로 2심 법원의 판결로 종국적인 효력이 발생된다.

29 尹德元, "我國反壟斷法刑事責任規定的合理性分析", 法制與社會, 云南省人民调解员协会, 2008.04(中), 30쪽.

30 邵建東, "我國反壟斷法應當設置刑事制裁制度", 南京大學學報, 2004(4), 14~19쪽. (吳廣海, "反壟斷法中的刑事責任問題", 安徽大學學報, Vol 31 No 3, 2007, 97쪽에서 재인용).

31 李國海, "論反壟斷法中的刑事責任問題", 法商研究, 2006(1), 12~16쪽. (吳廣海, 앞의 논문, 97쪽에서 재인용).

32 최창익, 앞의 논문, 206쪽.

33 鄥娜, "淺析反壟斷法中的刑事責任制度", 法制與經濟, No. 5, 2012, 232쪽.

34 EU는 국가가 아니라 관할권(juridiction) 이라는 용어를 사용한 것이고, 1957년 로마조약에서 경쟁제한적 협정이나 사업자단체 결성, 시장지배적지위 남용행위 등에 관하여 규정하고 있다.

35 OECD, "Challenges of International Co-operation in Competition Law Enforcement", 2014, 26~27쪽.

에필로그:

130년 역사의 교훈

에필로그 : 130년 역사의 교훈

영국의 저명한 역사학자 카E. H. Carr는 자신의 저서 『역사란 무엇인가? What is History?』에서 "역사란 역사가와 사실들의 지속적 상호작용의 과정이자 현재와 과거의 끊임없는 대화"라고 했다. 지나가버린 독점규제법의 130년 역사를 살펴본 것은 과거 세계와 만나면서 현재의 우리와 대화를 나누기 위함이었다.

역사를 뒤돌아보는 것은 과거를 올바르게 이해하는 것이 무엇보다 중요하기 때문이다. 그 이해의 바탕위에서 현재의 우리는 무엇인가를 이해하고 배울 수 있는 것이다. 과거를 제대로 이해하지 못하거나 잘못 오해한다면 현재나 미래를 기약하기 어렵다. 과거는 현재로 이어지고 현재는 미래로 나아가는 것이기 때문이다.

경제 활동에 대한 정부 개입의 역사가 바로 독점규제의 역사였다. 미국에서 시작해 130여년 정도 흘렀다. 그런데 많은 사람들이 그 역사를 잘 모르거나 제대로 이해하지 못하는 것 같다. 심지어 전문가라며 목소리를 내는 사람들이 그런 경우가 더 많다. 일반인들이야 다른 분야에 관심이 있을 테니 그렇다 치더라도 이 분야의 전문가들이 130년 역사를 곡해하는 것을 보면 안타깝기 그지없다. 앞으로의 경제를 생각하면 우려를 넘어 솔직히 두렵기까지 하다.

지금까지 독점규제 130년의 역사를 5개국 중심으로 살펴보았다. 지난 역사로부터 깨달음을 얻고 미래를 통찰하기 위해 무엇을 배울지 독자들께서 깊이 그리고 계속 생각해보기를 권한다. 필자가 생각했던 몇 가지를 손꼽으며 책을 마치려고 한다.

첫째, 미국에서 정부가 트러스트 문제에 개입하게 된 것은 트러스트를 통제하기 위함이었지 이를 파괴하거나 궤멸시키려는 것이 아니었다.

미국은 국가 경제를 파괴할 정도의 독점기업이 초래하는 폐해를 방지하기 위해 그런 독점기업을 작은 기업으로 분리하는 방식을 택했다. 제26대 시어도어 루스벨트 대통령이나 제28대 우드로우 윌슨 대통령이 모두 그런 생각이었다. 트러스트를 파괴하여 경제를 망가지게 하려고 개입하는 것이 결코 아니었다.

독점규제법에서 카르텔을 통제한 것은 경제의 창의와 활력을 되살리기 위함이었다. 그래서 그 집행을 경제전문가들이 참여하는 독립적인 기구에서 담당했다. 법전문가 중심의 집행은 위험하다. 왜냐하면 카르텔 근절에 치중하다보면 카르텔과 함께 기업 나아가 경제도 죽을 수 있기 때문이다.

둘째, 미국이 정부 개입의 방법으로 〈셔먼법〉, 〈FTC법〉, 〈클레이튼법〉이라는 3개의 법을 제정하고, 법무성과 FTC라는 2개 기관을 통한 이중 집행 시스템을 구축한 것은 일종의 시행착오였다. 미국이 자국의 독점규제제도를 일본이나 독일로 전수하면서 단일법과 하나의 집행기구를 설치한 사실을 뒤돌아보면 쉽게 이해할 수 있다.

특히, 미국의 이중 집행시스템은 시행착오의 대표적인 사례이다. 다른 어느 나라도 이런 시스템을 채택하고 있지 않다. 그래서 이런 내용을 많이 연구한 미시건대학교 로스쿨의 크레인Daniel A. Crane 교수는 "이중 집행시스템은 이론적으로 매력적이지 않고 현실적으로 완전하지도 않다. 그리고 그런 시스템은 다른 나라에 추천할 만한 것이 아니다."라고 말했던 것이다.

그런데 법전문가라면서 미국 시스템을 다른 나라에서 도입해야 하고, 이중 집행시스템도 도입해야한다고 주장하는 경우가 있다. 이런 주장은 미국의 독점규제 역사에 대한 지식이나 실제에 대한 이해가 아주 부족한 사람이나 할 수 있다. 왜냐하면 미국의 시행착오를 그대로 따르자는 주장에 불과할 뿐이기 때문이다.

셋째, 독점규제법 위반에 대해 형사 벌칙을 규정한 것은 매우 제한적이고 예외적이었다. 미국도 최초 〈셔먼법〉에서만 형사 벌칙을 규정했고, 그 이후 법에서는 이를 규정하지 않았다. 일본은 폭넓게 형사 벌칙을 규정했지만 전속고발을 창안하여 수사기관이 무분별하게 경제활동에 개입하는 것을 차단했다.

독점규제 역사를 살펴보면 전속고발은 일본이 최초로 도입했고 이어서 한국이 도입했지만, 그 이외의 국가들은 도입하지 않았다. 전속고발의 도입 여부는 독점규제법 위반에 대한 형벌 규정의 여부와 밀접히 관련되어 있다.

미국법이 일본에 전파되는 과정에서 전속고발이 처음 도입된 것은 미국과 달리 일본법에 형사 벌칙을 광범위하게 규정하면서 대신에 공정거래위원회가 고발 여부를 적절히 판단하여 제한하도록 설계했기 때문이다. 경제활동과 관련된 위반행위에 과도하게 형사 벌칙을 규정하고, 이를 집행하기 위해 수사기관이 무리하게 개입하는 경우 자율과 창의를 저해하여 경제 자체를 위축시킬 가능성이 커서 이를 방지하기 위한 구상이었다.

반면, 독일의 경우 독점규제법 위반행위에 대해 형사 벌칙을 규정하지 않는 방식을 선택했다. 그 이후에 독점규제법을 채택한 국가들은 예외 없이 형사 벌칙을 아예 규정하지 않거나, 일부 위반행위에 대해서만 규정하는 방식을 채택했다. 그러므로 이들 국가에서는 전속고발을 도입할 필요가 없었다.

한편, 전속고발을 도입한 일본과 한국의 두 나라는 형사 고발한 건수에서 엄청난 차이가 있다. 일본은 형사 고발에 매우 신중한데 2010년부터 2018년까지 9년 동안 총 4건을 고발하여 한 해 평균 0.5건에도 미치지 못했다. 한국은 적극적으로 형사 고발을 하는데 2010년부터 2019년까지 10년 동안 총 575건을 고발하여 한 해 평균 약 57건에 달했다. 전속고발제도를 운영하면서 어느 한 나라는 시행착오를 하고 있다.

넷째, 독점규제법 위반행위에 효과적으로 대처하는 방안으로 루스벨트 대통령 방식과 윌슨 대통령 방식을 생각할 수 있다.

루스벨트 대통령은 트러스트가 전성기를 구가하던 시절에 형사소추기관을 동원하여 이를 분쇄하는 방식을 선택했다. 반면 윌슨 대통령은 준-입법권과 준-사법권을 갖는 행정위원회를 별도로 설치하여 독립적이고 전문적으로 독과점 문제에 대처하는 방식을 택했다.

어느 방식을 채택할지는 경제 현실을 고려하여 판단하는 것이 적절할 것이다. 그러나 오늘날 경제 상황이 19세기 초 미국에서 트러스트들이 번성했던 시대와 유사하다고 할 수 있을지 의문이다. 나무를 자르지 않고 다듬는 것이라면 도끼가 아니라 전지가위가 필요하다. '트러스트 분쇄자'라는 별명을 얻은 루스벨트 대통령조차도 트러스트를 대상으로 도끼를 쓰지 말라고 말리는 그림이 이 책에 있다. 이 그림을 곰곰이 생각해볼 필요가 있다.

주요 참고문헌

강효백,『중국 경제법(Ⅰ)(기업법)』, 율곡출판사, 서울, 2015.

경제기획원,『공정거래 백서 -새로운 경제질서를 향하여-』, 경제기획원, 1984.

경제기획원,『개발연대의 경제정책 -경제기획원 20년사-』, 경제기획원, 1982.

고토 아키라後藤晃・스즈무라 고타로鈴村興太郎 편저, 정병휴 역,『일본의 경쟁
　　　　정책』, FKI미디어, 서울, 2000. 6.

공정거래위원회・한국개발연구원,『공정거래 10년 -경쟁정책의 운용성과와 과
　　　　제-』, 1991. 4.

공정거래위원회 국제업무과,『미일구조협의(SII) 2차 연례보고서』, 공정거래위원
　　　　회 내부자료, 1992. 12.

공정거래위원회,『시장경제 창달의 발자취 -공정거래위원회 20년사-』, 2001. 7.

김종우, "중국반독점법에 대한 고찰 : 2007년 8월 30일 통과된 〈반독점법〉을 중
　　　　심으로", 국제지역연구 제11권 제3호, 국제지역학회, 2007.

서울대학교 독일학연구소,『독일 이야기 1 독일어권 유럽의 역사와 문화』, 기획
　　　　출판 거름, 서울, 2005.

이봉의,『독일경쟁법』, 법문사, 서울, 2016.

이향・장려러・우진, "중국 반독점입법의 지향점", 경영법률학회 경영법률,
　　　　Volume 17, Issue 4, 한국경영법률학회, 2007.

제이콥 A. 리스, 정탄 옮김,『세상의 절반은 어떻게 사는가』, 교유서가, 경기도 파

주, 2017.

조동제, "중국 반독점입법의 초점문제에 대한 평가와 분석", 중국학연구, Volume 45, Issue 45, 중국학연구회, 2008.

중앙대학교 산학협력단,『미국의 경쟁/소비자 법·제도 및 사건처리절차 연구』, 2015. 11.

최창익, "중국 반독점법에 관한 고찰", 중국법연구 제8집, 한중법학회, 2007.

홍순강, "일본 독점금지법상 불공정한 거래방법과 형벌 규정의 고찰", 경쟁저널 제173호, 한국공정경쟁연합회, 2014. 3.

홍순강, "일본 독점금지법과 형사 고발 ; 경쟁당국의 전속고발권을 중심으로", 경쟁저널 제193호, 2017. 11.

CCTV 다큐멘터리 대국굴기 제작진, 소준섭 번역,『대국굴기 강대국의 조건 - 미국』, 안그라픽스, 경기도 파주, 2007. 8. 10.

Harry First, Eleanor M. Fox, and Robert Pitofsky 편저,『100년간의 반독점법 평가와 향후 전망』, 공정거래위원회 내부자료, 2007. 4.

Norbert Eickhof, "독일의 경쟁정책 -역사적 출발, 중심적 요소와 국민경제적인 평가", 유라시아연구, 2004년 제1권 제2호.

교육방송,『지구촌의 다큐멘터리 세계의 역사 미국편』,「제9편 트러스트와 그 분쇄자」, 1991. 5. 2. 방송.

EBS 특별기획,『대국굴기(大國堀起)』,「제11편 危局新政, 미국, 세계 제1강국을 이룬 새로운 도전」, 2007. 2. 9.

Archibald Cox, "Labor and the Antitrust Law - A Preliminary Analysis", *Labor and Antitrust*, Vol. 104, University of Pennsylvania Law Review, 1955.

C. T. Primm, "Labor Unions and the Anti-trust Law: A Review of Decisions", *Journal of Political Economy*, Vol. 18, No. 2, The University of Chicago Press Journals, Feb. 1910.

Dallas L. Jones, "The Enigma of the Clayton Act", *ILR Review*, vol. 10, No. 2, Jan. 1957.

Daniel A. Crane, *The Institutional Structure of Antitrust Enforcement*, Oxford University Press, New York, 2011.

Marc Winerman, "The Origins of the FTC : Concentration, Cooperation, Control, and Competition", *Antitrust Law Journal*, Vol. 71.

Neil W. Averitt, "The Meaning of 'Unfair Method of Competition' in Section 5 of the Fair Trade Commission Act", *Boston College Law Review*, Vol. 21, Issue 2 Nomber 2, January 1980.

OECD, "Challenges of International Co-operation in Competition Law Enforcement", 2014.

Tim Wu, *The Curse of Bigness, Antitrust in the New Gilded Age*, Colombia Global Reports, New York, 2018.

西村暢史, 泉水文雄, "原始獨占禁止法の制定過程と現行法への示唆", 競爭政策研究センタ共同研究, 2006년 9월.

鈴木孝之, "獨占禁止法における刑事罰制度の機能", 白鷗大學法科大學紀要 第4号, 2010年 10月.

日本經濟法學會, 『獨占禁止法 改正』, 日本經濟法學會 年報 第26号(通卷 48号), 有斐閣, 2005. 9.

田中誠二, 菊地元一, 久保欣哉, 福岡博之, 坂本延夫, コンメンタ-ル 獨占禁止法, 勁草書房, 東京, 1981.

田中裕明, "日獨反トラスト法比較 -John O. Haleyの所說を手掛かりに-", 神戸學院法學 第34卷 第1号, 2004年 4月.

平林英勝, "獨占禁止法制1條の起草過程とその背景および意義", 筑波ロ-・ジャ-ナル, 2007.3 創刊號.

泉水文雄, 西村暢史, "原始獨占禁止法の制定過程と現行法への示唆 -公取委の組織, 司法制度, 損害賠償, 刑事制度-", 출처 미상(인터넷 검색).

泉水文雄, "ドイツにおける競爭政策 -1998年の第6次改正とその後-", 출처 미상 (인터넷 검색).

黑野將大, "獨立行政委員會の中立性と獨立性 -「强い首相」下の權力分立-", 一橋ロ-レビュ- 第4号, 2020年 6月.

孟雁北, 『反壟斷法』, 北京大學出版社, 北京.

吳廣海, "反壟斷法中的刑事責任問題", 安徽大學學報 Vol 31 No 3, 2007.

王先林, 『中國反壟斷法實施熱點問題研究』, 法律出版社, 北京, 2011.

尹德元, "我國反壟斷法刑事責任規定的合理性分析", 法制與社會, 云南省人民调解员协会, 2008.04(中).

鄒娜, "淺析反壟斷法中的刑事責任制度", 法制與經濟 No. 5, 2012.

주요 판례

Blindell et al. v. Hagen et al. (February 1893 ; 54 F. 40).

Humphrey's Executor v. U.S., 295 U.S. 602(1935).

Loewe v. Lawlor, 208 U.S. 274 (1908).

Northern Securities Company, et. al., Apts. v. United States, 193 U. S. 197 (1904).

Standard Oil Co. of New Jersey v. United States 221 U.S. 1 (1911).

Swift & Co. v. United States 196 U.S. 375 (1905).

United States v. E. C. Knight Co. 156 U.S. 1 (1895).

United States v. TransMissouri Freight Ass'n, 166 U.S. 290 (1897).

U. S. v. Workingmen's Amalgamated Council of New Orleans (March 1893 ; 54 F. 995).

U. S. v. Debs et al. (December 1894 ; 64 F. 724).

찾아보기

저자 후기

이 책은 몇 가지 '우연'이 겹친 덕분에 만들어졌다. 모두 행운이라고 하기는 어렵고 그냥 우연이었다.

첫째 우연은 필자가 현직 공정거래위원회 부위원장으로 재직하면서 업무에서 배제되는 초유의 사태였다. 약 6개월의 짧지 않은 기간이었는데, 이때 원고를 대부분 작성했다.

필자는 부위원장으로 복귀하기 이전에 공직에서 퇴직해 중소기업 단체에 취업했던 적이 있었다. 이 취업에 대해 검찰은 공직자윤리법 위반으로 기소했고, 기관장은 기소됐다는 이유로 아무런 법적 근거나 전례도 없는 업무배제를 했다.

이런 어처구니없는 일이 벌어진 배경에 대해 곰곰이 생각하며 여유 시간(?)에 이런저런 자료를 읽었고 그 내용을 정리하기도 했다. 재판에서 무죄 판결이 내려지고 업무 복귀를 하기까지 이런 나날이 계속됐다. 이 시기에 정리한 일부 자료를 모아서 이번에 책으로 발간하게 됐다. 그러니 이 책은 처음부터 작심하고 계획을 세워서 쓴 것이 아니다.

둘째 우연은 미시건대학교 로스쿨의 크레인Daniel A. Crane 교수가 저술한 『제도적인 측면의 반트러스트 집행 구조The Institutional Structure of Antitrust Enforcement』라는 책을 만난 것이었다. 업무배제 기간 중이었기에 공정위 자료실에 들를 수 있었고, 거기서 이 책을 접했으므로 첫째 우연과 관련이 깊다.

크레인 교수는 이 책에서 미국의 독점규제법 역사에서 법무성과 FTC라는 이원적 집행시스템의 문제, 정치적인 이유로 해임되어 위법 판결을 받은 험프리William E. Humphrey FTC 위원의 판례, 법집행의 특징, 집행기관의 전문성과 독립성 문제 등에 관해 날카롭게 분석하거나 자세하게 설명하고 있다. 필자가 이 책을 만나지 못했다면 자료 정리를 하지 못했거나, 했더라도 그 내용이 아주 빈약했을 것이다.

셋째 우연은 일본의 독점규제법 제정 과정을 아주 상세히 정리하고 설명한 자료를 찾아낸 것이었다. 업무배제 상태인지라 일본 공정거래위원회에서 운영하는 경쟁정책연구센터競爭政策硏究センタ 사이트를 가끔 검색했는데 여기서 센스이泉水文雄, 니시무라西村暢史 두 교수가 작성한 "원시 독점금지법의 제정 과정과 현행법에의 시사原始獨占禁止法の制定過程と現行法への示唆"라는 자료를 발견했다. 이 자료는 150페이지 정도였는데, 이 자료를 바탕으로 더 방대한 300페이지 분량의 자료도 인터넷에서 찾아낼 수 있었다.

일본의 독점규제법 제정 과정이 중요한 것은 미국에서 정립된 법·제도를 다른 나라에 전수해준 첫 사례였기 때문이었다. 특히 미국의 3개 법과 2개 집행기관이 일본에서 최초로 하나의 법과 집행기관으로 통합된 내용과 과정을 이해하려면 일본의 역사를 제대로 아는 것이 필요했다.

또한 일본법은 전속고발 규정을 최초로 도입했기 때문에 이를 왜 도입했고 그 과정이 어떠했는지도 살펴볼 수 있었다. 두 교수의 자료에는 일본법 제정 과정에서 미국과 일본, 일본 내 전문가들 사이에 주요 쟁점을 둘러싸고 서로 협의하고 조정했던 과거의 세세한 자료들과 설명이 가득했다. 독점규제법 역사를 뒤돌아보는데 매우 귀중한 자료였다.

넷째 우연은 출판사와 계약하게 된 과정인데 이것은 행운이었다. 원고가 마무리될 즈음에 과거 근무했던 중소기업 단체의 회장께서 초대한 모임에서 출판업에 종사하시는 한 분을 만났다. 이 분께서 헤어지며 『대륙의 식탁, 베이징을 맛보다』라는 책을 선물로 주셨다. 자세히 살펴보니 책 내용도 좋았고, 출판 기획에서부터 인쇄까지 출판사의 땀이 배어있었다.

이 출판사가 홀리데이북스였고 선물 받은 책을 기획하고 편집한 것이 권이지 대표였다. 위 모임에 참석한 분의 소개로 필자도 출판을 의뢰했는데 이를 수락하면서 직접 편집까지 맡아준 권 대표에게 깊이 감사드린다.

이처럼 우연히 얻은 시간과 발견한 자료, 그리고 출판사가 있어서 이 책이 만들어질 수 있었다. 그리고 책으로 만들어지기까지 여러분의 도움이 있었는데 이 분들께 깊이 감사드린다. 중국에 대해서는 공정거래위원회 정희은 과장이 중국에 파견 근무하며 잘 정리해주었다. 그리고 이 책에 게재된 수많은 그림이나 사진은 인터넷 사이트를 통해 구할 수 있었는데 이런 여건을 만들어준 인터넷 세상이 고맙다. 또한 공정위 관련 사진의 대부분은 공정위 김석 조사관의 절대적인 도움으로 정리했음을 밝힌다. 마지막으로 아내가 처음부터 끝까지 원고를 읽고 세심하게 문장을 다듬어준 사실도 빼놓을 수 없다. 다시 한 번 고마운 마음을 전한다.

2020년 10월 당산동에서